연기 6강

Acting: The First Six Lessons
by Richard Boleslavsky

The First Six Lessons 생애 첫 연기 수업

ACTING 연기 6강

Richard Boleslavsky 리처드 볼레스라브스키

불란서책방

연극「햄릿」공연에서 '레어티스(Laertes)' 배역을 연기한
리처드 볼레스라브스키, 모스크바예술극장, 1912

영화 「테오도라 고즈 와일드(Theodora Goes Wild)」(1936)
촬영장에서 아이린 던(Irene Dunne)의 화장을 돕고 있는
멜빈 더글라스(Melvyn Douglas)와 리처드 볼레스라브스키, 1936

영화 「테오도라 고즈 와일드」 촬영장에서, 리처드 볼레스라브스키, 1936

차례

들어가는 말

당신의 첫 연기 수업을 시작하며   11

1   첫 번째 수업: 집중   17
2   두 번째 수업: 정서 기억   35
3   세 번째 수업: 극적 행동   63
4   네 번째 수업: 성격 구축   87
5   다섯 번째 수업: 관찰   123
6   여섯 번째 수업: 리듬   143

추천사

인생을 위한 지침서   173
연기예술의 문은 열려 있다   176
진정한 배우가 되어가는 과정   179

일러두기

· 소제목 및 극의 제목은 홑낫표(「 」), 책 제목은 겹낫표(『 』), 그림 및 음악
작품의 이름은 홑화살괄호(〈 〉)로 표기했습니다.
· 우리말 표기와 원어 표기를 아울러 보일 때, 동작과 상태를 드러낼 때는 소
괄호(( ))를 사용했습니다.
· 대화 속 대사는 큰따옴표 및 굵은 글씨로 표시하였습니다.
· 독자의 이해를 돕기 위해 본문 하단에 주를 붙였으며, 각주는 모두 편집자
와 옮긴이가 남긴 것입니다.

당신의 첫 연기 수업을 시작하며

배우는 보통 자신을 배우로 만드는 요소가 무엇인지, 그리고 어떻게 해야 하는지 잘 알지 못한다. 배우가 되는 방법을 알고 있다고 해도 그 요소를 말로 설명하거나 글로 쓰기를 어려워한다. 그저 행동으로 표현할 수 있을 뿐이다. 배우의 언어는 움직임, 몸짓, 목소리다. 배우는 무엇을 하거나 하지 않음으로써 인물을 창조하고 투사한다.

반면, 극작가는 말을 쉽게 이용하고, 글을 유창하게 쓴다. 인물과 상황, 사건의 방식과 절차를 자신의 언어로 풀어낸다. 예를 들어 '연기예술과 기술'을 다룬 글을 쓴 사람은 대개 배우가 아니라 극작가나 평론가였다. 배우가 자신은 물론 동료 배우들에게 연기란 무엇인지 설명해주는 책은 거의 없다. 그나마 현대에 들어 루이스 캘버트Louis Calvert, 1859~1923와 스타니슬라브스키Konstantin Stanislavsky, 1863~1938가 연기를 이론화하려 노력했다.

하지만 스타니슬라브스키가 연구한 연기예술 및 기술과 관련된 내용은 그의 자서전『나의 예술 인생』본문에 일부 언급되었을 뿐이다. 연기예술의 요소를 분석하거나 연기자를 위한 기술을 확립한다기보다는 연기 철학을 창조하려는 노력이었다.

배우가 감정을 묘사하려면 반드시 그 감정을 직접 경험해야만 할까? 배우가 어떠한 감정을 표현할 때마다 실제로 겪은 느낌을 새로이 상기한다면, 경험하지 못한 이보다 더 잘 묘사할까? 연기는 삶에서 멀리 떼어서 놓아야 하는가, 아니면 가능한 한 삶에 가깝게 두어야 할까? 이러한 물음에 대해 배우이자 철학자인 이들은 스스로 이 문제를 해결하고자 했다. 그리고 그들이 풍부한 경험에서 끌어낸 실례들을 바탕으로 쓴 글은 연기예술 분야를 분명하게 드러내주었다. 또 그 글은 많은 예술가를 위해 예술의 기본 법칙을 명확하게 하였다. 그러나 이는 정작 배우가 연기술의 요소를 배우는 데에는 큰 도움이 되지 않았다.

리처드 볼레스라브스키Richard Boleslawski, 1889~1937가 대화 형태로 쓴 이 책『연기 6강』은 연기예술 분야에서 유일한 참고서가 될 것이다. 이 책은 읽는 즐거움도 충분하지만, 무엇보다 글에 있는 모든 단어가 체계적으로 요점을 전달하는 데 충실하다. 이 책은 오랜 세월 동안 그가 전문 극단과 예술극장에서 배우이자 감독으로 작업하고 연구한 결과의 총체다. 배우라는 길을 걸어가려는 젊은이들을 돕기 위한 것이기도 하다. 이 책은 배우가 사용하는 도구를 선정하고, 그 도구를 사용하는 방법을 실제적으로 보여준다. 아주 고마운 일이다.

배우의 도구는 모두 몸과 마음, 정신 속에 있다. 하지만 도리어 그 도구는 자신과 너무나 가까이 있는 탓에, 나무와 쇠로 만든 도구처럼 나와 분리해 별도로 사용하기가 어렵다. 집중과 관찰, 경험과 기억, 움직임과 균형, 창조와 투사 등 배우는 자신의 재능을 발산하기 위해 이 모두를 자유롭게 부릴 수 있어야 한다.

리처드 볼레스라브스키는 모스크바예술극장의 배우이자 모스크바예술극장 스튜디오의 감독이었다. 미국으로 건너간 그는 아메리칸 래버러토리 시어터American Laboratory Theatre를 설립한 감독으로서, 브로드웨이에서 연극을, 또 할리우드에서 많은 영화를 성공적으로 연출했다.

볼레스라브스키는 몇 년 전 자신이 쓴 글「연기의 원칙」에서 연기예술에 관해 정의했다. 그는 "배우의 예술은 배울 수 없다. 배우는 능력을 타고나야 한다. 그러나 배우의 재능을 표현하게 하는 기술은 배울 수 있고 가르쳐야 한다. 이 사실을 이해하는 일은 연기를 공부하는 학생들뿐만 아니라 자신의 연기예술을 완성하는 데 관심이 있는 모든 배우에게 가장 중요하다. 왜냐하면 결국 '기술'은 완벽하게 현실적이라서 체득하여 자기 것으로 만들 수 있기 때문이다."라고 말했다.

볼레스라브스키는 연기 기술의 기초를 다지기 위해 배우의 물리적 자원을 개발하는 일이 얼마나 중요한지 강조한다. 이는 그가 말하는 '기술' 그 자체는 아니다. 그는 도리어 몸을 훈련하는 일을 '악기를 조율하는 작업'에 비유한다. "가장 완벽하게 조율된 바이올린일지라 해도 바이올린을 연주하는 음악가가 없으면 혼자서는 소리를 내지 못한다. 이상적인 배우가 되기 위해서는 배우가 '감정 제작자'가 되어야 한다. 배우가 감정을 '창조'하는 기술을 가진다면 그의 연기는 완벽해질 수 있다. '마음은 뜨겁게 하고, 머리는 차갑게 식혀라.'라고 한 조셉 제퍼슨의 충고를 그대로 따를 수 있다면 배우로서 그는 완벽해진다.

마음은 뜨겁게 하고 머리를 차갑게 식히는 것이 가능한 일일까? 분명 가능하다! 두 종류의 다른 단계가 끊이지 않고 연속적으로 이어져 삶이 이루어진다고 생각하면 된다. 두 종류의 다른 단계란, '문제 단계'와 '행동 단계'이다. 첫 번째 단계는 배우가 자신에게 닥친 문제가 무엇인지 이해하는 것이다. 그러고 나면 의지가 불타오를 테고, 배우는 역동적으로 행동하면서 다음 단계로 나아간다. 배우는 무대 위에 서서, 머리는 차갑고 마음은 뜨거운 상태로 자기 앞에 놓인 문제를 알아차려야 한다. 이는 '겨우' 500분의 1초 안에 이루어져야 한다. 그러고 나서 그다음 500분의 1초 안에, 혹은 5초 아니면 10초 내로 상황에 적합한 행동으로 치열하게 자신을 몰아간다. 배우가 어떤 역할을 해내기 위해서 그렇게 해야만 한다는 점을 깨달으면, 연기 기술을 완벽하게 터득하게 될 것이다.

먼저 무엇을 해야 하는지 제대로 알고 나서 올바르게 해야 한다. 이게 전부다. 너무나 간단해서 충분하지 않아 보일 수도 있다. 그러나 볼레스라브스키에게 수업을 받기 위해 젊은 배우가 몇 달, 몇 년이 지나 그를 다시 찾은 일은 우연이 아니다. 볼레스라브스키는 막연한 희망 대신 현실적으로 생각한다. 그는 배우가 거쳐야 할 수업이 얼마나 오래 걸릴지 그 길의 길이를 알고 있다.

다른 어떤 예술과는 달리, 연기는 최상에 '조금 덜' 미친다고 해서 이것이 결코 최상, 완벽에 가까이 이르렀다는 것을 의미하지 않는다. 배우란 하루아침에 되는 것이 아니다. 그는 배우가 되려면 평생이 걸릴 수도 있음을, 또 배우란 평생을 바칠 가치가 충분한 직업임을 알고 있다.

― 뉴욕에서, 이디스 J. R. 아이작스†

---

† 이디스 줄리엣 리치 아이작스(Edith Juliet Rich Isaacs, 1878~1956), 아메리칸 시어터 비평가.

첫 번째 수업: 집중

The First Lesson: Concentration

등장인물

I 나(The Teacher, Richard Boleslawski)
C 그녀(The Creature)

아침, 누군가 내 방문을 두드린다.

I 네, 들어오세요.

천천히, 살며시 문이 열린다. 열여덟의 순진무구한 그녀는 긴장한 듯 동그란 눈으로 나를 바라보며 들어선다. 가방을 양손으로 꼭 움켜쥔 채로.

C 안녕하세요. 선…… 선…… 선생님께서 연기예술을 가르치신다고 해서 찾아왔어요.

I 오, 이런! 미안해요, 전 예술을 가르칠 능력이 없습니다. 예술을 가르친다니, 예술을 가진다는 것은 재능을 가진 것을 의미합니다. 재능은 가지고 있거나, 그렇지 않거나 둘 중 하나죠. 열심히 노력하면 재능을 개발할 수야 있겠지만……. 글쎄요, 재능을 만들어내는 것은 불가능해요. 단지 제가 하는 일은 무대에 서기로 결심한 사람들을 돕고, 연극이나 영화 분야에서 정직하고 성실하게 일하도록 교육하고 길러내는 것이죠.

C 아, 그렇군요. 그러면 저 좀 도와주세요. 저는 연극을 정말 사랑한다고요!

I 연극을 사랑하는 마음만으로는 충분하지 않아요. 배우라면 누구나 연극을 사랑할 테니까요. 제일 중요한 점은 연극에 모든 것을, 당신의 존재 전부를 내걸 준비가 되어 있어야 한다는 거예요. 이를테면 연극에 자신을 바치고, 자신의 생애를 바치고, 나아가 모든 생각과 감정까지 쏟아부어야 합니다. 연극으로부터 무언가 얻을 수 있을 것이라는 기대는 버려야 해요. 흔히 연극배우는 아름답고 매력적이며 화려해 보이죠. 하지만 그런 기대는 완전히 버려야 해요.

C 네, 알아요. 저도 학교에서 연기를 꽤 해봤거든요. 연극이 힘들 수 있다는 건 잘 알고 있어요. 하지만 두렵지 않아요. 지금 저는 오직 연기, 연기, 연기 생각뿐이에요. 연기할 수 있다면 무엇이든 할 준비가 되어 있어요.

I 그렇다면, 이렇게 가정해보죠. 정작 당신이 연기하고, 또 연기하는 것을 연극이 원하지 않는다면요?

C 무슨 말씀이세요?

I 혹시 당신에게 재능이 없다면 말이죠.

C 하지만 제가 학교에서 연기했을 때는…….

I 무슨 연극이었나요?

C 셰익스피어의 「리어왕」이요.

I 그 공연에서 당신은 무슨 역할을 맡았죠?

C 리어왕 역이었어요. 모두가 제게 재능이 있다고 했답니다. 친구들도 그랬고, 저희 문학과 교수님, 게다가 메리 이모까지 제 연기가 훌륭하다고 했거든요.

I 실례지만 질문 하나 할게요. 당신에게 좋은 말을 해준 사람들을 비난할 생각은 없어요. 하지만 그들이 당신의 재능을 감별할 수 있는 전문가라고 확신하나요?

C 저희 교수님은 매우 엄격하신 분이고 또 대단한 권위자예요. 「리어왕」 공연에서 저를 직접 지도해주신 분이랍니다.

I 그렇군요. 그럼 메리 이모는요?

C 이모는 유명한 극작가이자 연출가인 데이비드 벨라스코 씨를 개인적으로 만난 적도 있어요.

I 그렇군요. 좋아요. 그렇다면 교수님이 「리어왕」 공연을 지도했을 때, 당신에게 어떻게 연기하라고 했는지 말해줄래요? 이를테면 3막 2장에 나오는 "바람아 불어라, 너의 뺨이 터지도록! 세차게! 불어라!" 하는 이 대사요.

C 제 연기를 직접 보고 싶으신 건가요?

I 아뇨, 그냥 그 대사를 어떻게 읽도록 배웠는지 궁금해서요. 당신은 무엇을 표현하려고 했나요?

C 저는 발을 잘 모아서 이런 식으로 서 있어야 했어요. 몸은 앞으로 조금 숙이고, 머리는 들어서 올리고, 두 팔을 하늘로 뻗고, 주먹을 흔들었죠. 그러고는 심호흡하고 빈정거리는 웃음을 터뜨려야 했어요. "하! 하! 하!" (매력적이면서 동시에 어린아이 같은 웃음소리를 내며 웃는다. 빛나는 청춘, 오직 열여덟 살에만 볼 수 있는 웃음이다.) 그런 다음에, 하늘을 저주하듯이 가능한 한 큰 소리로 대사를 발음합니다. "**바람아 불어라, 너의 뺨이 터지도록! 세차게! 불어라!**"

I 고마워요. 그 정도면 당신이 리어왕 역할을 분명히 이해하고 있다는 것을 알겠어요. 당신의 재능을 알아보는 데도 충분해요. 한 가지 더 부탁해도 될까요? 괜찮다면, 그 대사를 다시 읊어볼래요? 먼저 하늘을 저주한다고 생각하고, 그다음엔 하늘을 저주하지 않는다고 생각하고요. 문장의 의미를 떠올리면서 말이죠. 이 생각에만 집중하세요.

C (하늘을 저주하는 일이라면 이골이 난 듯 그녀는 오래 생각하지 않는다.) 하늘을 저주할 때는 이렇게 말하죠. "**바람아- 불어라-! 너의- 뺨이- 터지도록-! 세차게-! 불어라-!**" (그녀는 하

늘을 저주하려 매우 열심히 노력하지만, 오히려 그런 그녀를 비웃기라도 하듯 창문 밖 하늘은 청명하다. 내 심정도 그와 다를 바 없다.) 그리고 하늘을 저주하지 않으려면 다른 방법으로 말해야 하겠죠? 글쎄……. 어떻게 해야 하지? 음, 이런 식으로 하면 조금 웃기지 않을까? (그녀는 당황한 듯 쑥스러운 미소를 짓고 혼잣말을 삼키며 대사를 한 음절과 어조로 서둘러 읊는다.) "바람아불어라너의뺨이터지도록세차게불어라." (대사를 마친 그녀는 혼란스러운 기색을 숨기지 못하고 가방끈을 움켜쥔다.)

I 희한하네요. 당신은 아직 한참 어리잖아요. 그런데도 하늘을 저주하는 데 단 일 초도 망설임이 없네요. 하지만 대사를 단순하고도 평이하게 구사하지 못하고, 그 말이 담고 있는 내적 의미도 보여주지 못하고 있어요. 마치 음이 어떻게 구성되어 있는지도 모른 채 쇼팽의 〈야상곡〉을 무작정 연주하고 싶어 하는 것처럼요. 초면에 심한 말을 해서 미안해요. 하지만 지금 당신은 표정만 꾸며서 시인의 언어와 감정을 훼손하는 것은 물론, 다른 사람의 생각, 감정, 말을 논리적으로 전달하는 능력조차 없어요. 무슨 자신감으로 연극을 했다고 할 수 있는 거죠? 오히려 '연극'이라는 말 자체의 개념을 아예 무시하고 있는 것 같군요. (신랄한 나의 말에, 그녀는 마치 무고하게 사형을 선고받은 이의 눈빛으로 나를 바라본다. 작은 가방을 바닥에 떨군다.)

C 그렇다면 저는 이제 절대로 연기 같은 건 하지 말아야 하는 걸
까요?

I 만약 제가 절대 하지 말라고 한다면요?
(그녀의 눈길이 불현듯 바뀐다. 그녀는 예리한 눈으로 나를 응
시한다. 내 마음을 꿰뚫어 보기라도 하려는 듯하다. 그리고 이
내 내가 뱉은 말이 농담이 아니라는 것을 확인하고는, 마음속
에서 일어나고 있는 감정을 숨기려 애쓴다. 하지만 소용없다.
그녀의 눈에서 그만 커다란 눈물방울이 그렁그렁 맺히고 만다.
아뿔싸! 그 순간 내 의도는 완전히 틀어진다. 그녀는 내게 더
없이 소중한 존재로 다가온다.)

C (이를 악물고 감정을 억누르면서 낮은 목소리로) 그래도 전 연
기할 거예요. 제 인생에서 연기 외엔 아무것도 없어요. (열여덟
살 무렵의 이들은 늘 이런 식으로 힘주어 말하곤 한다. 하지만
어쩌랴. 그럼에도 나는 깊이 감동받는다.)

I 좋아요. 그렇다면 꼭 해주고 싶은 말이 있어요. 그건 당신이
이전에 모든 역할을 연기하면서 했던 것보다, 연극을 위해, 아
니 연극을 원하는 자신을 위해 더 많은 것을 바로 이 순간에
했다는 사실이에요. 당신은 방금 고통받았고, 또 무언가를 깊
이 느꼈습니다. 그런데 그 두 가지 요소가 없다면 어떤 예술에
서도, 특히 연기예술에서는 아무것도 할 수 없어요. 대가를 지
불해야만 창조라는 행복, 다시 말해 새로운 예술적 가치가 탄

생하는 행복을 얻을 수 있어요. 그걸 증명하기 위해서 지금 당장 함께해봅시다. 그대의 능력에 맞춰서 작지만, 진실된 예술적 가치를 창조해보도록 하죠. 이게 배우로서 그대가 발전하는 데 첫 번째 단계가 될 거예요. (그녀의 눈에 맺힌 눈물은 어느새 기억에서 잊힌다. 그것은 허공 어딘가로 사라졌다. 대신 더없이 매력적이고 행복한 미소가 내 눈앞에 나타난다. 삐걱거리는 내 목소리로 이런 변화를 만들어 낼 수 있으리라고는 생각하지 못했다.)

잘 듣고 대답해봐요. 작업하는 과정에서 어떤 창조적인 문제에 매달려 있는 전문가를 본 적이 있나요? 이를테면, 수천 명의 목숨을 책임지는 여객선 조타수라든가, 현미경을 뚫어지게 들여다보는 생물학자, 복잡한 다리의 도면을 설계하는 건축가, 아니면 훌륭한 배역을 연기하고 있는 위대한 배우를 무대 가장자리에서 본 적이 있는지 떠올려봐요.

C 존 베리모어†가 햄릿을 연기하는 걸 본 적이 있어요.

I 그를 보았을 때 무엇이 인상적이었나요?

C 그는 정말 대단했어요!

---

† 존 베리모어(John Barrymore, 1882~1942), 햄릿 역으로 유명한 당대의 연극배우이자 영화배우.

I 알고 있어요. 또 뭐가 있었죠?

C 그게……. 그러니까……. 맞아요! 그는 제가 앉아 있는 객석 쪽에는 전혀 신경도 쓰지 않더라고요.

I 그래요, 방금 중요한 점을 짚었어요. 그 명배우는 그대뿐만 아니라 주변에 있는 그 무엇에도 신경을 쓰지 않죠. 그는 조타수나 과학자, 건축가처럼 오직 자신이 하는 일에만 집중했을 겁니다. 자, 집중이라는 단어를 기억하세요. 집중은 모든 예술, 특히 연기예술에서 더없이 중요합니다. 집중은 우리의 정신적이고 지적인 힘을 하나의 대상에 쏠리게 하고, 때로는 자신의 체력이 견딜 수 있는 시간보다 훨씬 더 오랫동안 지속될 수 있게 하는 능력입니다.

　내가 아는 한 어부 이야기를 들려줄게요. 그는 폭풍우가 몰아치던 날, 48시간 동안 방향타를 놓지 않고 마지막 순간까지 배를 조종하는 일에 집중했어요. 배를 끌고 무사히 항구로 들어오고 나서야 비로소 방향타를 놓고 지쳐 쓰러져버렸죠. 이 능력이, 자신을 통제하는 이 확실한 힘이야말로 모든 창조적인 예술가가 지녀야 할 기본 자질입니다. 집중하는 힘을 자기 안에서 찾아야 하고 끝까지 발전시켜야 해요.

C 어떻게요?

I 차차 알게 될 테니 서두르지 말아요. 가장 먼저 알아야 할 것

은 연기예술에서는 특별한 집중이 필요하다는 점입니다. 이를 테면 조타수는 나침반을, 과학자는 현미경을, 건축가는 도면을 가지고 있죠. 나침반, 현미경, 도면은 모두 집중과 창조를 위한 도구이며, 외형적이고, 가시적입니다. 다시 말하면 그들은 뚜렷한 물질적인 목표를 가지고 있고, 그 목표에 모든 힘을 집중시킵니다. 조각가, 화가, 음악가, 작가도 마찬가지예요. 하지만 배우는 다릅니다. 여기서 질문 하나 할게요. 배우가 집중하는 대상이 뭐라고 생각하세요?

C 역할이요.

I 그래요, 역할을 익힐 때까지는 그렇죠. 그런데 배우에게 있어 창조가 시작되는 때는 배우가 역할을 연구한 뒤 그리고 리허설을 마친 이후입니다. 아니, 조금 다르게 말해볼게요. 처음에는 '탐구적으로' 창조하고, 개막일 공연에서 연기하면서 '구성적으로' 창조하기 시작한다고요. 그럼, 연기란 무엇일까요?

C 연기는 배우가……. 연기하는……. 잘 모르겠어요.

I 연기가 뭔지도 모르는 상태로 이 일에 인생을 바치고 싶은 거예요? 연기는 인간의 영혼과 삶을 담아내는 예술이에요. 창조적인 연극에서 배우가 집중하는 대상은 다름 아닌 인간의 영혼이죠. 작업의 첫 번째 시기, 즉 탐구의 시기에 집중하는 대상은 자신의 영혼과 우리를 둘러싸고 있는 사람들의 영혼입니다.

그리고 두 번째 시기, 즉 구성의 시기에는 오직 자신의 영혼에만 집중합니다. 그 말은, 연기를 하기 위해서는 물질적으로 감지할 수 없는 '어떤 것'에 집중하는 법을 알아야 한다는 것을 의미해요. 자신의 존재 안으로 깊이 파고들어야만 감지할 수 있는 지점에 집중해야 합니다. 이것이 가장 강렬한 감정과 가장 격렬한 격동의 순간에 이르러서만 나타난다는 것을 깨달으면서 말이죠. 다시 말해, 배우는 실재하지 않지만 자기가 만들어내거나 혹은 상상한 감정에 정신적으로 집중해야 합니다.

C 하지만 애초에 실재하지 않는 것을 어떻게 발전시킬 수 있지요? 그러면 어떻게 시작해야 하나요?

I 아주 간단해요. 맨 처음, 바닥부터 시작해야죠. 쇼팽의 〈야상곡〉이 아니라 가장 단순한 음계에서부터 시작해야 합니다. 시각, 청각, 후각, 촉각, 미각. 당신의 오감이 바로 그 음계예요. 쇼팽의 〈야상곡〉을 만든 음계처럼, 당신의 오감은 창조의 열쇠가 될 것입니다. 그러니 이 음계를 어떻게 다스려야 하는지 배워야 합니다. 존재가 지닌 전부를 사용해서 감각에 집중하는 법, 감각이 인위적으로 작용하도록 하는 법, 감각에 다른 문제를 주고 해결책을 만들어내는 법을 익혀야 하는 거예요.

C 아……. 제가 듣는 법이나 느끼는 법조차 모른다고 말씀하시는 게 아니었으면 좋겠어요.

I 살아오면서 어느 정도 체득하고 있기야 하겠죠. 자연이 조금 은 가르쳐주었을 테니까요.

C (그러자 그녀는 매우 대담해져서 온 세상에 따지듯 말한다.) 아뇨. 전 몰라요! 무대 위에서도 마찬가지고요.

I 그런가요? 어디 봅시다. 지금 앉아 있는 상태에서, 최대한 상 상력을 동원해 저 구석에서 쥐가 벽을 긁는 소리를 한번 들어 봐요.

C 관객은 어느 쪽에 있죠?

I 그건 신경 쓸 필요 없어요. 관객은 서두르는 법이 없어서 아직 공연 티켓을 사지도 않았으니까요. 문제에만 집중하세요. 자, 저 구석에서 쥐가 무언가를 긁어대는 소리를 들어봐요.

C 알겠어요.
  (그러자 그녀는 침묵 속에서 쥐가 섬세하게 긁는 소리를 듣는 것과는 무관하게 헛되이 오른쪽 귀, 그다음에 왼쪽 귀를 기울 이는 몸짓을 한다.)

I 좋아요. 그럼, 이제 베르디 오페라 「아이다」에 나오는 행진곡 을 연주하는 교향악단의 연주를 들어봐요. 행진곡 알죠?

C 물론이죠.

I 자, 해보세요.
(같은 동작이 이어진다. 역시 개선 행진곡을 듣는 것과는 아무
상관이 없다. 나는 웃는다. 그제야 그녀는 무언가 잘못되었음
을 알아채고 난처해한다. 그녀는 내 '판결'을 기다린다.)
　　당신이 얼마나 속수무책인지 알겠네요. 당신은 작은 동작
과 큰 동작 사이의 차이를 알아채지 못했어요.

C 제게 너무 어려운 문제를 주셨어요.

I 그렇지 않아요. 쥐가 벽을 긁는 소리나 개선 행진곡을 듣는 것
보다 「리어왕」에서 하늘을 저주하는 게 더 쉬울까요? 아니죠.
솔직하게 말해야겠군요. 당신은 아직 인간의 삶에서 가장 작
고 단순한 부분을 어떻게 창조하는지 몰라요. 그러니 정신적
으로 집중하는 법도 모를 수밖에요. 한마디로, 지금 그대는 복
잡한 느낌과 감정을 만들어내는 방법을 모를 뿐만 아니라 자
기 감각조차 가지고 있지 않아요. 지금부터라도 내가 던지는
수천 가지 문제를 매일 연습해서 다양한 느낌과 감정을 익혀
야만 해요. 그렇게 되면, 또 다른 문제들은 스스로 고안할 수
있을 겁니다.

C 좋아요. 배울게요. 선생님이 시키는 대로 할게요. 그러면 제가
배우가 될 수 있을까요?

I 반가운 질문이네요. 그렇게 하더라도 배우가 될 수는 없을 겁니다. 듣고 보고 진정으로 느끼는 것이 전부는 아니죠. 모든 것을 백 가지 방식으로 해야 합니다. 자, 당신이 연기 중이라고 가정해보죠. 자, 막이 올라갑니다. 첫 번째는 자동차가 떠나는 소리를 듣는 것입니다. 그 순간에도 극장 안의 많은 관객은 각자 주식 거래, 가정사, 정치, 저녁 식사, 옆자리에 앉아 있는 사람 등 어떤 특정한 대상을 떠올리고 있습니다. 당신이 고작 상상 속에서 자동차가 떠나는 소리에 집중하고 있다 해도, 관객이 각자 자신이 생각하는 대상보다 당신이 더 중요하다고 즉시 깨달을 수 있게 집중해야 합니다. 그들은 당신이 상상하는 차 앞에서 자신들의 현안인 증권 거래나 그 밖의 잡념을 생각할 권리가 없다고 느껴야 해요! 당신이 그들보다 더 강력하다고, 지금 당장은 자신이 세상에서 가장 중요한 사람이라고, 그리고 아무도 감히 당신을 방해하지 못한다고 생각해야 합니다. 작업 중인 화가를 방해하려는 사람은 아무도 없을 테죠. 그래서 배우가 무언가를 창조하는 상황에서 관중이 딴짓하는 것을 내버려 둔다면, 그것은 자신, 곧 배우의 잘못입니다. 내가 말하는 집중력과 지식을 모든 배우가 갖춘다면, 이런 일은 절대 일어나지 않겠죠.

C 그렇게 되려면 무엇이 필요한가요?

I 두말할 필요 없이 재능과 기술이죠. 배우 교육은 세 부분으로 이루어져 있습니다. 첫 번째는 몸, 즉 육체를 이루는 기관 전체

와 모든 근육과 힘줄을 교육하는 것이죠. 감독으로서 나는 발달한 몸을 가진 배우와 함께해야 작업을 제대로 해낼 수 있습니다.

C 그렇다면 배우는 그 일에 얼마나 시간을 들여야 하나요?

I 최소한 매일 1시간 30분씩 다음과 같이 연습해야 합니다. 체조, 무용을 비롯해 각종 호흡 훈련, 음성 훈련, 발음 훈련, 그리고 노래와 팬터마임과 분장까지요. 만만치 않죠. 하지만 매일 1시간 30분씩 2년가량 꾸준히 연습한 후에 자신이 습득한 것을 살펴본다면 분명 만족할 거예요.

교육의 두 번째는 지적이고 문화적인 부분입니다. 교양 있는 배우라면 셰익스피어, 몰리에르, 괴테, 칼데론이 무엇을 상징하는지, 그들이 연극을 제작하기 위해 수많은 극장에서 무엇을 해왔는지 알아야만 해요. 그리고 그들에 대해서 언제든지 토론할 수 있어야 하죠. 나는 문학, 회화, 조각, 음악의 역사를 어느 정도 알고 있고, 적어도 대략적으로나마 모든 시대의 스타일, 위대한 화가들의 개성을 마음속에 지닌 배우가 필요합니다. 요컨대 동작의 심리, 정신 분석, 감정 표현, 그리고 느낌의 논리에 대해 명료하게 알고 있는 배우 말이에요. 인체 해부학에 대해서도 어느 정도 알고 있다면 금상첨화겠죠. 이 모든 지식은 배우가 무대에서 이런 내용을 접하게 되고, 그 지식을 활용해서 작업해야 하기 때문입니다. 이런 지적인 훈련으로 아주 다양한 역할을 할 수 있는 배우가 될 거예요.

세 번째는 바로 극적 행동의 가장 중요한 요소로서 영혼의 교육과 훈련입니다. 오늘 그 첫 단계를 보여주었죠. 배우가 모든 행동과 변화를 이뤄내기 위해서는 배우려는 의지를 가지고 영혼을 충분히 발달시켜야 해요. 의도를 바로 드러낼 수 있도록요. 다시 말해, 배우는 작가가 요구하는 어떤 상황에서도 살아갈 수 있는 영혼을 가져야 합니다. 그런 영혼이 없는 위대한 배우란 존재하지 않습니다. 유감스럽게도 그 영혼은 실험적인 역할을 연달아 수행하며 시간과 경험을 많이 들여서 오랫동안 노력해야만 얻을 수 있습니다. 이를 위해서는 다음과 같이 능력을 개발해야 해요. 이를테면 상상 가능한 여러 상황에서 모든 오감을 완전히 소유하는 것, 느낌의 기억, 영감이나 통찰의 기억, 상상의 기억, 그리고 마지막으로 시각적 기억을 개발하는 것이죠.

C 저는 배우가 되는 데 그런 복잡한 것들이 필요하다는 말을 들은 적이 없어요.

I 그렇지만 그것들은 사실 '하늘을 저주하는' 일처럼 간단해요. 우선, 자신의 상상력에 얼마나 대단한 잠재력이 있는지 알아야 합니다. 스스로를 믿고 상상력을 개발해야 해요. 그리고 순수함, 관찰력, 의지력을 개발해야 하고, 감정의 표현에 다양성을 부여하는 능력, 그리고 유머 감각과 비극적인 감각도 개발해야 해요. 이것뿐만이 아닙니다.

C 또 있어요?

I 그래요. 개발할 수 없지만, 꼭 필요한 하나가 있어요. 바로 재능†입니다. (이 말이 끝나자마자 그녀는 한숨을 쉬며 깊은 생각에 빠진다.)

C 선생님은 연극이 제가 알고 있던 것보다 훨씬 더 엄청나고 중요한 것으로 보이게 만드시네요.

I 그래요. 나에게 연극은 언제나 위대한 미스터리예요. 완벽의 꿈과 영원의 꿈이라는 두 가지 현상이 경이롭게 결합한 미스터리죠. 오직 그런 연극에만 생애를 바칠 가치가 있어요.

내가 자리에서 일어나자, 그녀는 슬픈 눈빛으로 나를 바라본다. 나는 이 눈빛이 무엇을 의미하는지 너무나도 잘 알고 있다.

---

† 여기서 저자가 말한 '재능'은 평소 집중을 통해 훈련함으로써 이미 지니고 있어야 하는 것으로 이해하면 된다. 가령, 무대 위에 올라가면 '말'의 과정을 해석하고 고민하고 판단할 시간이 없다. 캐릭터는 주어진 상황에 따라 매 순간 멈추지 않고 대사를 읊고 행동으로 표현해야 하기 때문이다. 그래서 오감을 통해 캐릭터를 자신 안에 밀어 넣어야 한다.

두 번째 수업: 정서 기억

The Second Lesson: Memory of Emotion

등장인물

I 나(The Teacher, Richard Boleslawski)
C 그녀(The Creature)

1년 전, 느닷없이 나를 찾아와 무작정 "연극을 사랑한다."라고 말했던 사랑스러운 그녀를 기억하는가? 겨울과 함께 그녀가 다시 나를 찾아왔다. 그녀는 조용히 그리고 우아한 걸음걸이로 내 방에 들어선다. 얼굴에는 발그레한 미소를 띠고 있다.

C 선생님, 안녕하셨어요?
(악수를 청한 그녀의 손은 단단했다. 눈은 망설임 없이 내 눈을 똑바로 응시하고 있었다. 전과는 사뭇 다른 모습이었다.)

I 어떻게 지냈어요? 다시 만나서 정말 기쁘네요. 이후로 당신이 찾아오지 않았지만, 나는 당신의 고민에 대해 줄곧 생각했어요. 당신이 다시 나를 찾아올 거라고는 전혀 예상하지 못했어요. 지난번에는 내가 당신을 주눅들게 하지는 않았는지, 심하게 한 것은 아닐까 미안한 마음도 들었답니다.

C 아뇨, 그렇지 않아요. 하지만 선생님께서 제게 많은 과제를 준 것은 분명해요. 엄청나게 많이요! 제가 '집중'이라는 개념을 공부하느라 얼마나 끔찍한 시간을 보냈는지 모르실 거예요. 오죽하면 모두 저를 비웃기까지 했어요. 한번은 길거리에서 차에 치일 뻔한 적도 있어요. '내 실존의 행복'에 너무 '효과적으로' 집중했거든요. 저는 연습 과제로 자신에게 이런 문제를 던

졌어요. 선생님이 하라는 대로 정확하게요.

　하루는, 제가 해고당한 날이었어요. 그날 저는 해고당한 것과는 전혀 상관이 없다는 듯 행동하고 싶었어요. 그리고 결국 성공했지 뭐예요! 아, 저는 어느 때보다도 강했어요. 집에 가는 길에 저는 스스로가 행복감을 느끼도록 집중했어요. 마치 정말 멋진 역할을 막 따낸 듯한 기분이었죠. 얼마나 집중했던지, 차가 제 방향으로 달려오는 것조차 알아채지 못했어요. 다행히도 잘 피했답니다. 저는 놀라서 가슴이 뛰고 무섭기도 했지만, 여전히 '실존의 행복'에 몰입하고 있었어요. 그래서 미소를 지으며 운전자에게 말했죠. "그냥 가셔도 괜찮아요."라고요. 운전자는 인상을 쓰며 뭐라 마구 소리쳤지만, 저는 무슨 말인지 전혀 들리지 않았어요.

I 그 사람 말을 못 알아들은 게 차라리 잘된 일이라는 생각이 드네요.

C 아, 그가 저에게 소리를 지르며 무례하게 군 것을 잘했다고 생각하시나요?

I 그가 특별히 잘못했다는 생각은 들지 않네요. 그가 당신의 집중을 철저하게 망쳐버린 것처럼, 그대도 그의 집중을 완전히 망쳤잖아요. 거기서부터 드라마는 시작되는 거예요. 이를테면, 차창 너머로 그가 한 말과 그냥 가라는 당신의 말로써 생각이 드러났으니까요.

C 선생님은 지금 저를 놀리시는군요?

I 아뇨, 놀리는 게 아닙니다. 이 상황은 한마디로 드라마예요. 실제적인 드라마죠.

C 이 상황이 제 연기력에 도움이 됐다고 말씀하시는 건가요? 드라마 감각에요?

I 네, 그래요.

C 어떻게요?

I 설명하려면 시간이 좀 걸릴 거예요. 우선 앉아서 오늘 왜 왔는지 말해줄래요? 또 다른 「리어왕」인가요?

C 선생님, 제발! (그녀가 얼굴을 붉힌다. 그러고선 코에 분칠하고, 모자를 벗고, 머리를 가다듬는다. 그녀는 자리에 앉아, 다시 한 번 분첩으로 코를 닦아낸다.)

I 부끄러워하지 않아도 돼요. 특히 「리어왕」을 연기한 것도 말이죠. 그때 당신은 진심이었어요. 벌써 1년 전 일이네요. 욕심이 조금 과하긴 했지만, 그대는 옳은 방법을 찾기 위해 노력했어요. 그리고 스스로 직접 도전했지요. 누군가 당신에게 강요한 것도 아닌데 말이에요.

학교까지 가려면 아주 먼 길을 걸어야 했던 어느 금발 머리 남학생에 관한 이야기를 들어본 적이 있나요? 그는 몇 년 동안 매일 이렇게 혼잣말했어요. "아! 내가 하늘을 날 수 있다면, 학교에 빨리 갈 수 있을 텐데……." 이후로 그에게 무슨 일이 일어났는지 알아요?

C 아뇨, 모르겠어요.

I 그는 뉴욕에서 파리까지 비행기를 몰고 날아갔어요. 그의 이름은 찰스 린드버그, 역사상 최초로 대서양 횡단 비행에 성공한 사람이에요.

C 그렇군요. (잠시 생각한다.) 선생님, 진지한 이야기를 해도 될까요?

그녀는 지금 꿈을 꾸는 듯하다. 그녀는 자신에게 주어지는 모든 것을 잘 활용하는 법을 배웠다. 그녀는 내면과 외면 모두에서 감정의 기미를 놓치지 않고 집중한다. 그녀는 마치 모든 진동에 반응하는 바이올린의 현 같다. 그녀는 그 진동을 기억한다. 강인하고 정상적인 존재만이 삶에서 펼쳐지는 모든 것을 취할 수 있듯, 그녀도 삶의 모든 것을 취하고 있다는 것을 나는 확신한다. 그녀는 자신이 간직하고 싶은 것, 즉 내재화하고자 하는 것을 취하고 자신에게 쓸모없어 보이는 것은 버릴 줄 아는 사람이다. 그녀는 아마도 훌륭한 배우가 될 듯하다.

I 그래요, 하지만 너무 심각하게는 말고요.

C 저에 대해 말하려고 해요. (미소를 지으며) 그리고……. (곧 침울한 표정이 되어) 제 예술에 대해서요.

I 잠깐만요, '제 예술'이라고 말할 때 왜 그렇게 진지해지는지 물어도 될까요? 스스로를 조금은 관대하게 바라보는 게 어때요? 불과 몇 분 전만 해도 당신은 '내 실존의 행복'이 당신이 살아가는 유일한 이유라고 말했잖아요. 목적이라고는 다른 사람들에게 즐거움을 주는 일 외에는 아무것도 없는데, 왜 다들 엄숙해지는지 모르겠어요.

C 다른 사람들은 모르겠고, 예술은 제게 전부니까요. 그래서 다시 여기에 온 거고요. 왜냐하면 그야말로 잘해야 하기 때문이에요. 저는 역할을 맡았고, 나흘 동안 리허설을 했어요. 그런데도 안심이 되지 않아요. 사흘만 더 지나면 다른 사람에게 제 역할을 빼앗길지도 몰라요. 그들은 제게 듣기 좋은 말을 하지만, 저는 제가 제대로 하고 있지 않다는 사실을 알고 있어요. 그리고 아무도 저를 도울 방법을 모르는 것 같아요. 그들은 이렇게 말하죠. "더 크게 말해요!" "뭔가를 느껴봐요!" "당신의 큐를 익혀요!" "웃어요!" "울어요!" 또 하지 말라는 사항을 말해요. 하지만 저는 그게 다가 아니라는 점을 알고 있어요. 뭔가 빠진 게 분명해요. 그게 무엇일까요? 어디서? 어떻게 구하죠? 저는 선생님이 하라는 대로 다 했어요. 자신을 충분히 통

제하고 있다고 생각해요. 말하자면, 제 몸을 아주 잘 조절하고 있어요. 지난 1년 내내 연습했어요. 역할에 맞는 자세는 어렵지 않아요. 자세 모두를 익혔고, 편안해요. 저는 오감을 단순하고 논리적으로 사용해요. 저는 연기할 때 행복하지만, 여전히 어떻게 해야 하는지 모르겠어요! 무엇을 어떻게 해야 할까요? 그들이 저를 해고한다면, 그것은 제 마지막이 되겠죠. 그리고 최악인 건, 그들이 무슨 말을 할지 저는 너무나 잘 안다는 거예요. "당신은 매우 훌륭한 배우예요. 하지만 경험이 부족하군요." 그뿐이겠죠. 지긋지긋해요! 대체 경험이 뭐죠? 역할 자체에 대해서는 아무도 저에게 할 말이 없어요. 저는 제 역할에 대해 모든 것을 알고 있어요. 저는 그 역할처럼 생겼고, 그 역할을 하는 매 순간을 느끼고, 그때마다 변화를 느껴요. 저는 제가 연기할 수 있다는 걸 알아요. 그런데 '경험'이라니! 아, 저를 칠 뻔했던 운전자가 뱉었던 말을 제가 사용할 수 있다면 좋겠어요. 그가 무슨 말을 했는지는 듣지 못했지만, 그의 얼굴을 떠올려보면 알 수 있어요. 그가 옳아요. 사실은 그 말이 무엇이었는지 저는 추측만 할 뿐이에요. 아, 지금 그 말을 어떻게 할 수 있을지도 짐작만 할 뿐이죠!

I 그냥 말해요. 나는 신경 쓰지 말고. (그러자 그녀는 주저 없이 '그 말'을 내뱉는다.) 어때요? 속이 좀 시원한가요?

C (미소를 지으며) 네.

I 이제 당신의 역할에 관해서 이야기해봅시다. 당신은 당신이 맡은 역할을 제대로, 스스로 잘 해낼 거예요. 당신은 집중하기 위해 노력했고, 그 역할을 감당할 수 있다면 실패할 리 없어요. 걱정 말아요. 노력과 인내는 결코 배신하지 않습니다.

C 아, 선생님. 저를 위로하시려는 거라면……. (그녀가 자리에서 일어나려 한다.)

I 앉아봐요. 정말이에요. 지난 1년 동안 당신은 그야말로 인간 악기였어요. 삶을 관찰하고 흡수하면서 자신을 완벽히 만들어 갔죠. 보고, 듣고, 읽고, 느낀 내용을 뇌의 저장 공간에 수집했어요. 의식적으로, 또 무의식적으로 말이에요. 이제 집중은 당신의 본성에 자리잡았습니다.

C 무의식적으로 하지는 않은 것 같아요. 저는 지극히 현실적인 사람이거든요.

I 그럼에도 그대는 해냈군요. 배우는 분명 그렇게 해야 합니다. 그렇지 않으면 어떻게 꿈을 꿀 수 있겠어요? 두 발을 땅에 단단히 딛고 설 수 있는 사람만이 꿈을 꿀 수 있어요. 그래서 세계 최고의 경찰은 아일랜드 경찰관이죠. 아일랜드 경찰관은 근무 중에 절대 잠을 자지 않아요. 깨어 있는 채로 꿈을 꿉니다. 그래서 악당들이 꼼짝 못 하죠.

C 선생님, 그만 하세요. 난데없이 아일랜드 경찰이라니요? 저는 배역을 맡았고, 그것을 연기하고 싶어요.

I 나는 지금 꿈의 실용성에 대해 말하는 거예요. 질서와 체계, 꿈을 활용하는 방법에 대해서요. 의식적이고 무의식적인 꿈, 꼭 필요하고 유용한 꿈, 그대의 요구에 순조롭게 잘 따라오는 꿈에 대해서 말이죠. 당신의 본성, 그리고 당신이 '경험'이라고 부르는 모든 부분을 말입니다.

C 그러면 제 역할은요?

I 당신은 당신 안에 있는 자아를 조직해서 스스로의 역할에 일 치†시켜야 해요. 그러면 모든 것이 괜찮아질 거예요.

C 좋아요, 시작하시죠.

† 일반적으로 영어(권)에서는 연기를 'play'라 칭한다. 이를 이해하기 위해서는 연기 역사의 거대한 두 줄기를 이해해야 한다. 영미식 연기 관점이 'play'라면, 유럽의 전통적인 연기는 'interpret' 즉 '해석'이라는 의미를 내포한다. 그래서 지금도 영화 크레딧에 'play' 혹은 'interpret'를 사용한다. 'played by'와 'interpreted by'라는 표현 역시 그렇다. 영어권에서 'interpreted by'라는 표현은 좀처럼 찾아보기 어렵다. 이는 영어권이 아니라 유럽 대륙에서 사용하는 '연기하다'라는 표현이기 때문이다. 예컨대 프랑스에서는 'interpreté de'라는 표현을 사용한다. 하지만 이 두 가지는 연기에 대한 관점의 차이일 뿐이다. 여기서 말하는 '자아를 조직해서 자신의 역할에 일치시킨다.'라는 표현은 'play'의 관점이라기보다는 'interpreted by'의 관점이다. 집중을 통해서 'play'하되, 그 인

I 먼저 나는 당신이 무의식적으로 정말 많은 일을 해냈다고 강조하고 싶어요. 내 말을 믿어요. 자, 시작합시다. 당신이 맡은 역할에서 가장 중요한 장면은 무엇인가요?

C 제가 어머니에게 초라하고 가난한 집을 떠나겠다고 말하는 장면이에요. 부잣집 사모님이 저를 딸로 삼고 싶어 해서, 저를 자기 집으로 데려가려고 하거든요. 부잣집 사모님은 제게 전 재산은 물론 모든 것을 주려고 해요. 교육, 여행, 친구, 멋진 경관, 옷, 보석, 지위 등 삶에 필요한 아름다운 것들을 말이죠. 저는 유혹을 뿌리칠 수가 없습니다. 부잣집으로 가고 싶지만, 저는 제 어머니를 사랑하고, 그녀가 가여웠죠. 저는 부유한 삶에 대한 유혹과 어머니에 대한 사랑 사이에서 갈등합니다. 저는 아직 결정을 내리지는 않았지만, 행복에 대한 욕구가 매우 강한 사람이에요.

물이 되어 인물을 소화해내는 연기를 하더라도 배우는 자신의 존재 또한 잊어서는 안 된다. 만일 자기라는 존재를 망각한다면 누가 연기하든 사람들은 언제나 동일한 햄릿만 볼 것이 아닌가? 달리 말해, 햄릿이라는 캐릭터에 집중해 배역을 공감하고 이해해 동화되는 것이 첫 번째라면, 동화되는 이가 바로 자신이라는 점도 의식해야 하는 것이다. 그러니 자기라는 존재에 의해 해석된 햄릿, 동시에 극이 제공한 상황에 처한 햄릿과 겹쳐진다면, 관객들은 비로소 객석에서 살아 있는 햄릿을 만날 수 있다. 만일 자아의 재조직이 이루어지지 않는다면, 관객들은 그저 일정하게 'play'되는 햄릿을 볼 뿐이다. 결국 이 감정 수업은 바로 자신을 해석하고 역할에 합치하는 과정이다.

I 좋아요. 자, 어떻게 할 겁니까? 연출가는 뭐라고 하죠?

C 제가 떠나게 되어서 행복하다거나, 어머니를 너무 사랑하기 때문에 떠날 수 없어 불행해 보이지도 않는다고 말했어요. 저는 이 두 가지를 도무지 섞을 수가 없어요.

I 그렇군요. 그대는 희망으로 벅차올라 기쁘면서도 미안한 마음이 가득한 상태여야 하네요.

C 바로 그거예요. 저는 그 두 가지를 동시에 느낄 수가 없어요.

I 당연하죠. 동시에 다른 감정을 섞어낸다는 것은 누구에게나 쉽지 않을 거예요. 하지만 직접 느끼지 않아도 그 상태에 머물 수 있어요.

C 느끼지 않아도 그 상태에 머물 수 있다고요? 어떻게요?

I 무의식적인 감정에 대한 기억의 도움을 받으면 됩니다.

C 무의식적인 감정의 기억이요? 무의식적으로 제 감정을 기억해야 한다는 말인가요?

I 천만에요. 우리는 감정에 대한 특별한 기억을 가지고 있어요. 기억은 그 자체로 무의식적으로 작용합니다. 그 기억과 감정

은 바로 우리 안에 있거든요. 그 '기억' 때문에 우리의 삶과 기술에서 경험은 필수적인 부분이 됩니다. 우리가 해야 할 일은 그 기억을 사용하는 방법을 아는 일이에요.

C 그렇다면 그 기억은 어디에 있는 거죠? 어떻게 찾나요? 아는 사람이 있나요?

I 실은, 꽤 많은 사람이 알고 있답니다. 19세기 말, 프랑스 심리학자 테오듈 리보는 처음으로 그 '기억'에 대해 언급했어요. 테오듈 리보는 그것을 '정서 기억affective memory' 또는 '정서의 기억memory of affects'이라고 불렀습니다.†

C 정서 기억은 어떻게 작동하나요?

I 정서 기억은 삶에서 만나는 모든 현시顯示‡, 그러니까 당신이 살면서 경험하고 느낀 것에 대한 민감성을 통해 작동합니다.

C 예를 들면요?

---

† affective memory, memory of affects, emotional memory를 누가 어떻게 해석하는지에 따라 다르겠지만 연기예술분야와 해당 논문에서는 보통 '정서적 기억' '감정의 기억'으로 사용한다. 본문에서는 스타니슬라브스키가 말하는 '정서적 기억'이 'affective memory', 즉 정서 기억에 가깝다고 판단했다.

‡ manifestation, 감정과 태도, 특질을 나타내어 보임을 의미한다.

I 어떤 마을에 결혼한 지 이십오 년 된 부부가 살고 있었어요. 그들은 아주 젊었을 때 결혼했지요. 어느 맑은 여름날, 오이밭을 걷던 그들은 보통 젊은이들이라면 그러하듯 오이를 따서 먹었습니다. 그 맛과 향기가 정말 신선해서, 그들은 분위기에 흠뻑 취했죠. 그들 위로 내리쬐는 산뜻한 햇빛에도 즐거워했어요. 남자는 여자에게 청혼했고, 그들은 일생에서 가장 행복한 결정을 내렸어요. 오이 향기가 가득한 풍경이었죠.

한 달 후, 그들은 결혼했어요. 결혼식 저녁 만찬에 신선한 오이가 한 접시 차려졌지요. 그들은 오이를 보고 절로 웃음이 나왔습니다. 그러나 다른 사람들은 그들이 왜 웃는지 아무도 알지 못했어요. 세월이 흐르는 동안, 아이들이 태어나고 자연스레 힘든 일도 생겼어요. 그들은 때때로 다투기도 하고, 화를 내기도 했어요. 서로 말조차 하지 않을 때도 있었죠.

어느 날, 그들의 딸이 두 사람을 화해하도록 하는 가장 확실한 방법을 알아냈어요. 그건 바로 오이 한 접시를 식탁에 올리는 것이었습니다. 오이 한 접시만 있으면, 마법처럼 그들은 말다툼을 멈추고 다정한 눈빛으로 서로를 다독였어요. 딸은 오랫동안 부모님이 오이를 정말 좋아하기 때문에 그런 것이라고 생각했어요. 그러던 어느 날, 어머니가 딸에게 그녀가 어떻게 결혼하게 되었는지 청혼받은 이야기를 들려주었어요. 딸은 새로운 사실을 알게 되었죠. 당신은 이를 어떻게 생각하나요?

C 외적인 상황으로 마음속에 있던 감정이 되살아났군요.

I 나는 그것을 감정이라고 말하고 싶지 않아요. 시간이 흘러 욕
  망보다 이성이 먼저인 상태임에도, 오이는 두 사람을 젊은 시
  절의 마음으로 만들어주었죠. 이는 도리어 무의식적으로 작용
  했어요.

C 아니, 무의식적인 게 아니죠. 그들에게 오이가 어떤 의미인지
  그들 스스로가 알고 있었기 때문이 아닐까요?

I 이십오 년이나 지났는데요? 글쎄요. 그들이 다투고 나서 오이
  를 보고 환기한 것은 찰나였어요. 그들은 단순했고, 감정이 어
  디에서 일어났는지 분석할 틈은 없었죠. 그들은 자연스럽게
  감정을 따랐어요. 그 감정은 무엇도 대신할 수 없을 만큼 강합
  니다. "하나, 둘, 셋, 넷" 하고 숫자를 세기 시작할 때, "다섯,
  여섯, 일곱" 하고 계속 숫자를 세어나가지 않으려면 노력이 필
  요한 것과 마찬가지죠. 전체를 해내기 위해서는 일단 시작하
  면 됩니다. 우선 출발하는 거예요.

C 선생님은 제가 필요한 요소들을 가지고 있다고 생각하세요?

I 당연하죠.

C 제 안에 그런 기억들이 존재한다고 생각하시는지 여쭙고 싶었
  어요.

I 그럼요. 게다가 아주 많아요. 단지 그 기억들은 당신이 불러내기만을 기다리고 있을 뿐이에요. 당신이 그 기억들을 불러냈을 때, 당신은 기억을 통제하고, 이용하며, 당신의 기술에 적용할 수 있습니다. 나는 당신이 즐겨 말하는 '예술'이라는 단어보다 '기술'이라는 단어에 더 애정이 가요. 예술을 기술로 생각한다면, 경험의 중요한 비밀을 알게 될 겁니다.

C 무대 경험을 말씀하시는 것은 아니겠죠?

I 간접적으로는 그럴 수도 있어요. 왜냐하면 당신에게 의도가 없을 때보다는 의도가 있을 때 무대 경험은 더 빨리 생기기 때문입니다. 무려 백 배나 빨리 생겨요. 당신이 단지 경험을 쌓기 위해 '더 크게 말하고' '뭔가를 느끼고' '큐를 익히고' '템포를 유지하려고' 노력하기만 할 때에 비하면 훨씬 더 확실하게 생깁니다. 불러낼 기억이 없다는 문제는 아이들을 위한 문제이지, 기술자craftsmen가 걱정할 부분이 아닙니다.

C 그렇다면 기억을 어떻게 다룰 수 있죠? 어떻게 통제하나요?

I 기억을 다루는 힘은 '정신'에서 나옵니다. 당신은 정신으로 그 기억들을 통제할 수 있어요. 특정한 상황에서 슬픈 동시에 행복한, 그런 이중적인 기분을 경험한 적이 있나요?

C 물론이에요. 여러 번 있었죠. 하지만 그 기억과 기분을 어떻게

다시 가져와야 할지 모르겠어요. 그런 기분이 들었을 때, 제가 어디에서 무엇을 하고 있었는지 선뜻 기억나지 않아요.

I 어디에 있었고 무엇을 했는지는 신경 쓰지 말아요. 그 기억 자체가 중요한 것이 아닙니다. 요점은 당시의 상태로 자신을 되돌리고, 자아를 통제하는 거예요. 가고 싶은 곳, 있고 싶은 순간, 갔던 곳에 머무르는 것입니다. 살면서 이중적인 기분이 들었던 경험 하나를 알려줄래요?

C 음, 작년 여름 저는 태어나서 처음으로 외국에 갔어요. 제 남동생은 같이 갈 수 없었는데, 걔가 저를 배웅했거든요. 저는 행복했지만 동시에 동생이 안쓰러웠어요. 그때 제가 어떻게 행동했는지는 기억나지 않아요.

I 좋아요. 그러면 어떤 일이 있었는지 순서대로 떠올려볼까요? 집을 나서는 순간부터 시작해봅시다. 아주 작아 보이는 것이라 해도 빠뜨리지 말고요. 날씨는 어땠는지, 하늘의 색깔, 택시 운전사의 생김새, 부두에서 나는 냄새, 부두 노동자와 선원들의 목소리, 승객들의 얼굴을 떠올려봐요. 당신이 생각한 모든 것, 느낌, 걱정을 모조리 이야기해줘요. 그 전부에 대해 글을 쓰듯 상세히 설명해봐요. 자신에 대해서는 잊어버리고 외관에만 주목해요. 당신의 옷과 동생의 옷부터 시작하죠. 한번 해보겠어요?

이미 집중하는 훈련을 제대로 받은 그녀는 이내 주제에 몰두한다. 마치 형사처럼 그녀는 냉정하고, 단호하며, 정확하게 분석한다. 세부 사항을 빠뜨리지 않고, 의미 없는 단어를 사용하지도 않는다. 필요한 사실만 말한다. 그녀는 마치 완벽한 기계같다. 그러나 곧 택시를 세우고 운전사에게 잔소리하는 교통경찰에 대해 말하며, "아, 제발. 경관님, 우리 늦겠어요!"라고 외친다. 그때, '감정'을 드러내는 징조가 처음으로 그녀의 눈에 비친다. 그녀는 당시의 상태에 머무르기 시작한다. 그때처럼 행동하지만, 여전히 감정은 쉽게 떠오르지 않는다. 일곱 번이나 그때로 돌아가고 반복해서 되짚어보지만 그럴수록 상황에 대한 설명은 중요하지 않은 것이 된다. 그러다 그녀가 증기선 트랩을 달려 갑판으로 뛰어오른 이유를 말할 때, 마침내 그녀의 얼굴과 눈이 빛나며 무의식적으로 점프를 반복한다. 그녀가 얼굴을 돌리자, 멀지 않은 곳에 그녀의 남동생이 부두 위에 서 있다. 마침내 그녀의 눈에 눈물이 맺힌다. 그녀는 애써 눈물을 삼킨다. "기운 내." 그녀는 말한다. "내가 다녀오면 무슨 일이 있었는지 다 말해줄게. 모두에게 고맙다고 전해줘. 아, 떠나고 싶지 않아. 나도 너와 함께 있고 싶어. 하지만 이제는 너무 늦은 것 같아. 게다가 너도 내가 머물기를 바라지는 않을 테고. 아, 그곳은 너무나도 멋질 것 같아……."

I 자, 멈춰요. 이제 연극에서 당신이 맡은 역할의 대사를 이어서 해봐요. 불러낸 감정을 잃지 말고요. 바로 지금 그 상태 그대로, 동생에게 말하는 그 상태로 갑니다. 당신은 그 역할에서

그대가 느껴야 하는 감정 상태가 됩니다.

C 잠시만요, 제가 맡은 역할에서 저는 제 어머니에게 말해야 하는데요?

I 그녀가 현실에서도 당신 어머니인가요?

C 아뇨.

I 그렇다면 뭐가 달라지죠? 연극은 실제로 존재하지 않는 것들을 보여주기 위해 존재합니다. 무대에서 사랑하면 현실에서 사랑하는 건가요? 논리적으로 생각하면, 연극에서 당신은 실제를 대체합니다. 당신이 거기에 있어야 할 유일한 현실이죠. 당신이 이중적인 감정을 경험한 일은 운이 좋게 발생했어요. 자신의 의지력과 기술을 활용해서 당신은 그 감정을 조직하고 다시 창조했어요. 이제 당신에게 그 감정이 주어졌고, 그 감정은 그대의 문제와 관련되어 무대 위의 삶을 창조한다고 당신의 예술적 감각이 알려주면, 두려워하지 말고 그 감정을 사용해요. 모방은 옳지 않지만, 창조는 옳습니다.

C 저는 재창조라는 아주 중요한 과정처럼 보이는 과정을 빼먹은 것 같아요. 그렇다면 제 이야기를 다시 시작해야 하나요? 그래서 다시 그 이중적인 감정 상태로 돌아가야 할까요?

I 자, 생각해봅시다. 외우고 싶은 곡이 있을 때 어떻게 익히죠? 어떤 이는 한 번만 듣고도 곡조를 기억합니다. 지휘자 토스카니니는 악보를 한번에 기억한다고 해요. 그러나 보통은 여러 번 들어야 기억됩니다. 그리고 싶은 장면을 어떻게 그리지요? 윤곽을 그리는 방법, 그리고 그림에 사용하고 싶은 색을 어떻게 섞는지는 또 어떻게 배우고요. 누군가에게는 쉬운 일일지도 모르지만, 우리는 끊임없이 반복하고 완벽히 해야 해요.

연습하세요! 당신은 당신 주변에서, 그리고 당신 안에서 수백 개의 기회를 찾을 수 있어요. 그 기회를 활용해서 연습하고, 잊어버린 줄로만 알았던 감정을 되살리는 법을 배우는 거예요. 나아가 그 감정을 되살려서 제대로 활용하는 법까지 익히는 거죠. 처음에는 많은 시간과 기술, 노력이 필요할 거예요. 감정이란 매우 섬세하니까요. 방향을 찾았다가도 다시 언제든, 몇 번이고 길을 잃을지 몰라요. 그렇다고 해도 낙담하지 말아요. 이 일은 배우가 되기 위한 기본 작업이에요. 명심하세요. 의식적으로 그리고 정확하게 원하는 감정 상태에 '머무를'수 있도록 해야 합니다.

C 선생님, 그럼 제가 잊고 있던 감정을 되살리려면 어떻게 해야 할까요? 조언해주세요.

I 따르기보다는 우선 혼자 노력해봐야 해요. 내가 당신에게 시범을 보이는 것도 괜찮겠지만, 당신이 실제로 감정을 끄집어내는 작업은 철저하게 고독 속에서 이루어질 거예요. 전적으

로 당신의 내면에서 이루어지죠. 이제는 집중을 통해 무엇을 어떻게 해야 하는지 알고 있잖아요? 그 이중적인 감정이 발생했던 순간에 접근하는 과정에 집중해봐요. 그 순간에 도달하면 알게 되겠지만, 당신은 아늑함과 만족함을 느낄 거예요.

모든 뛰어난 배우는 무의식적으로 자신의 감정을 상기하는 작업을 행하고 있어요. 그리고 자신의 연기에 만족하게 됩니다. 갈수록 그 시간은 단축되고요. 그 작업은 마치 곡조를 떠올리는 것과 같아요. 결국에는 '작업'이랄 것도 없이, 번뜩 생각하는 것만으로 충분하죠. 거기까지 이른다면 당신은 자잘한 상황들은 잊을 거예요. 당신은 어떠한 목적을 가지고 존재의 내면에 있는 모든 것을 규정하고 연습을 통해 단서 하나만으로 원하는 감정 상태에 '머무를' 것입니다. 그러고는 대사를 읊을 거예요.

당신이 내린 선택이 옳다면, 당신의 대사는 늘 신선하고 언제나 생생할 겁니다. 그러면 그 대사를 억지로 '연기'할 필요도 없겠지요. 애써 대사를 입에 잘 붙게 노력할 필요도 거의 없을 겁니다. 자연스럽게 당신의 몸과 입에 대사가 붙을 테니까요. 그때쯤 되면 당신은 표현해야 하는 감정이나, 투사해야 할 장면을 위해 단지 그에 적합한 신체 기술을 갖추기만 하면 됩니다.

C 만약 제 선택이 잘못되었다면 어떻게 하죠?

I 위대한 작곡가들의 악보 초고를 본 적이 있나요? 당신이 만약

독일이나 오스트리아에 갈 기회가 있다면 찾아가 봐요. 그들이 음과 멜로디, 하모니에 얼마나 많은 선을 그어 지운 후에야 비로소 원하는 것을 찾았는지 봐야 해요. 그들조차 그렇게 했다면, 당신도 틀림없이 할 수 있을 겁니다.

C 제 인생의 경험에서 비슷한 감정을 찾지 못한다면, 그때는 또 어떻게 하죠?

I 어림없는 소리예요! 그대가 보통 사람이라면, 삶의 모든 부분은 그대에게 열려 있고 친숙합니다. 위대한 시인과 극작가도 결국 인간입니다. 그들이 자기 삶에서 소재를 찾는다면, 그대가 못할 게 뭐가 있겠어요? 물론 그대는 상상력을 발휘해야 하겠죠. 그대가 좇는 감정을 어디서 찾을지 결코 알 수 없을 테니까요.

C 좋아요. 제가 살인을 연기해야 한다고 가정해볼게요. 저는 살면서 아무도 죽인 적이 없어요. 그런데 어떻게 그 감정을 찾아내죠?

I 이런! 왜 배우들은 항상 나에게 살인에 관해 물어볼까요? 젊으면 젊을수록 말이죠. 좋아요, 그대는 아무도 죽인 적이 없습니다. 하지만 야영은 해본 적 있죠?

C 네.

I 해가 지고 숲에 있는 호수 가장자리에 앉아 본 적은요?

C 네, 있어요.

I 주변에 모기가 있었나요?

C 그럼요, 시골이었거든요.

I 모기가 당신을 짜증나게 했을 때, 어땠나요? 오롯이 시각과
청각에 집중해, 증오심을 품고서 '그 끔찍한 게' 당신 팔뚝에
앉을 때까지 따라가지는 않았나요? 그리고 그저 끝내고 싶다
는 생각으로 잔인하게 팔뚝을 때릴까요? 스스로를 아프게 한
다는 생각은 하지 않고 말이죠.

C (부끄러워하며) 네, 그 끔찍한 것을 죽였어요.

I 바로 그거예요. 배우가 오셀로와 데스데모나의 마지막 장면을
연기하는 데 그 이상은 필요하지 않아요. 나머지는 확대, 상상,
믿음의 작업이죠. 고든 크레이그†는 매력적이고 환상적인 장
서표藏書票‡를 가지고 있어요. 특이하고 아름다우며 기이한 패

---

† 고든 크레이그(Gordon Craig, 1872 　「햄릿」을 연출한 바 있다.
~1966), 영국의 연출가이자 무대 감　‡ 자기 장서임을 표시하여 책에 붙이
독, 배우. 1911년 스타니슬라브스키　는 표.
의 초청으로 모스크바예술극장에서

턴이었죠. 뭐라 설명할 수는 없지만 그것은 일종의 명상과도 같았어요. 장서표를 통해 마음을 꿰뚫는 것 같달까요. 느리게 흐르지만 격렬한 투쟁이 느껴졌지요. 그 패턴은 그저 평범한 책벌레가 확대된 것일 뿐이었는데 말이에요. 예술가는 어디서 든 영감을 얻습니다. 자연은 아직 전체의 0.01퍼센트조차 당신에게 보여주지 않았어요.

연극 분야에서 가장 매력적이면서 괴상한 배우로 꼽히는 코미디언 에드 윈† 얘기를 해볼게요. 그가 자몽을 먹을 때, 자동차 전면 유리창처럼 와이퍼가 달린 안경을 쓰는 코미디를 어떻게 시작했는지 알고 있나요? 차를 타고 가다 보면, 진흙탕 물이 튀어 오르죠. 차에 달린 전면 유리창이 흙탕물을 막아 줍니다. 그는 그 모습을 지켜보며, 안전하다고 느끼고 아주 만족해합니다. 그러고 나서 점심 식사 때, 아마도 자몽을 먹다가 즙이 눈에 튀었겠죠. 그때 그는 두 가지 생각을 연관 지었고, 그 결과는 매력적인 바보짓으로 탄생했어요.

C 정말로 그가 그렇게 생각했을까요?

I 물론 아닐 수도 있겠죠. 그러나 무의식적으로 그는 그 모든 과정을 거쳤어요. 그대가 이미 성취한 것을 분석하지 않는다면,

---

† 에드 윈(Ed Wynn, 1886~1966), 당대 영화배우이자 코미디언으로 NBC TV 시리즈 〈에드 윈 쇼(Ed Wynn Show)〉를 진행했다.

어떻게 기술을 배울 수 있을 거라고 기대하겠어요? 자, 다 잊어버리고 그대가 성취한 것을 찾아봐요.

C 선생님, 그러면 역할에서 '머무르기'를 적용할 수 없는 부분을 발견하면 어떻게 해야 하나요?

I 적용할 곳을 찾아야 합니다. 그러나 과한 집착은 금물이에요. 수행해야 할 때 '머무르기'에만 매몰되지 말아요. 잊지 마세요. 온 마음과 영혼을 다하여 배우가 되고 싶을 때, 자신을 송두리째 잊어버릴 정도로 연기만을 원할 때, 그리고 기술을 충분히 발달시켰을 때 당신은 대본에 쓰인 내용 대부분을 연기할 수 있습니다. 하려고 하지 않아도 이미 할 수 있게 되어 있을 거예요. 마치 그건 곡조를 흥얼거리는 것과 같아요. 어려운 점이 있다면, 모든 연극은 '한순간', 기껏해야 '고도로 긴장되는' 몇 번의 순간을 위해 쓰입니다. 당신은 특별히 주의해서 수행해야 하는 '이때'를 생각해야 해요. 관객은 두 시간 동안이 아닌, 최고의 십 초를 위해 푯값을 지불합니다. 십 초가 아니라 오 초일 수도 있어요. 관객이 가장 큰 웃음을 터뜨리거나, 가장 큰 전율을 느낄 때 말이죠. 당신의 모든 힘과 완벽함은 그 '몇 초'를 지향해야 합니다.

C 맞는 말씀이에요. 감사해요. 제 역할에도 그런 순간들이 있거든요. 이제 무엇이 잘못됐는지 알 것 같아요. 제 역할에는 그런 지점이 세 군데 있는데, 연극의 나머지 부분들과 다르게 고

양해서 살리지 못했어요. 그래서 단조로웠던 것이군요. 이제는 그 지점에서 어떤 감정 상태에 '머무를' 때가 기다려져요. 그런데 선생님, 제가 잘 표현해낼 거라는 확신이 드시나요?

I 네, 그대가 또 다른 문제를 가지고 나에게 곧 돌아올 것이라는 확신에 못지않죠.

C 아, 곧바로 선생님을 찾아오지 않았다니. 제가 어리석었어요.

I 천만에요. 그대가 '집중'이라는 기술의 기초를 닦기 위해서는 적어도 그만큼의 시간을 들여야 했을 거예요. 그대는 이제 배우가 되기에 충분해요. 만일 당신이 일 년 전, 나를 이내 다시 찾아와서 내가 지금 말한 내용을 당신에게 말했다면, 당신은 내 이야기를 전혀 받아들이지 못했을 거예요. 그리고 이렇게 다시 나를 찾아오지도 않았겠죠. 당신은 내게 돌아왔고, 머지 않아 나를 다시 찾아올 거라는 생각이 드네요. 게다가 언제쯤 이 될지도 알 것 같아요. 아무래도 당신이 자기 자신으로 더는 머무를 수 없는 역할을 맡게 될 때, 그 역할 때문에 자신을 조금은 변화시켜야 하고 더 복잡한 유형의, 그야말로 '대담한 예술가'가 되어야 할 때겠지요.

C 내일 또 와도 될까요?

I 아니, 당신이 맡은 배역을 연기하고 나서 와요. 그대가 정말

잘 연기하기를 바랍니다. 그리고 너무 좋은 평가를 받지 않기를 바라요. 무작정 칭송하는 것만큼 젊은 예술가에게 독이 되는 것은 없어요. 찬미에 길들여지면, 미처 스스로가 깨닫기도 전에 게을러져서 리허설에도 왕왕 늦게 되죠.

C 딱 저를 두고 하는 말이네요.

I 그래서 말한 거예요, 이제 가서 리허설에 참여해요. 언제나처럼 행복하고 힘차게 말이에요. 그것이야말로 그대가 해야 할 아름다운 일이에요.

　　동시에, 소소한 오이 이야기도 기억해요. 당신 주변에 있는 모든 것에 주의를 기울여야 해요. 기꺼이 즐겁게 자신을 지켜봐요. 삶의 모든 풍요로움과 충만함을 모아 당신의 영혼에 저장하세요. 그리고 그 기억을 잘 정리해봐요. 언제 그것들이 필요할지는 알 수 없겠지만 그 기억들이야말로 그대의 기술에 필요한 유일한 친구이자 교사이며, 그대가 가진 유일한 페인트이고 붓이기 때문입니다. 기억들은 당신의 것입니다. 당신의 소유죠. 기억들은 모방품이 아니며, 당신에게 경험과 정확성, 효율성, 그리고 힘을 안겨줄 거예요.

C 고맙습니다, 선생님.

I 그리고 다음번에 나에게 올 때는, 당신이 필요한 순간에 자신이 원했던 감정 상태에 '머무른' 순간을 적어도 백 개 이상 적

어서 가져와요.

C 걱정하지 마세요, 선생님. 다음에 선생님께 올 때, 저도 그때쯤 에는 저만의 오이를 알게 됐을 테니까요.

그녀가 강건하고 활기찬 모습으로 방에서 떠난다. 나는 피다 만 담배와 함께 다시 홀로 남겨진다. 누가 말했던가? '**교육의 대상은 앎이 아니라 삶이다.**'

세 번째 수업: 극적 행동

The Third Lesson: Dramatic Action

등장인물

I 나(The Teacher, Richard Boleslawski)
C 그녀(The Creature)

그녀와 나는 지금 공원을 걷고 있다.

　　최근 연극무대가 아닌 영화에서 어떤 역할을 맡아 리허설 중인 그녀는 무엇 때문인지 화가 잔뜩 나 있다.

C ……그러고 나서 그들은 촬영을 멈췄죠. 저는 한 시간 반이나 기다렸어요. 그리고 다시 촬영이 시작됐는데, 이번에는 규모가 큰 장면에서 대사 세 줄을 했어요. 고작 세 줄, 그게 전부였어요. 그러고 나서 또 한 시간을 기다렸어요. 말이 안 되는 상황이었어요. 도무지 말이 안 돼요. 기계, 전기, 렌즈, 마이크, 가구 소품……. 영화에서 중요한 것은 다 그런 거예요. 배우? 알 게 뭐예요? 연기? 비참한 액세서리에 불과하죠.

I 그래도 몇몇 배우는 꽤 높은 수준으로 극적 예술을 성취하죠.

C 가끔 그렇긴 해요, 겨우 오 초 동안이지만요. 그것도 검은 진주 마냥 아주 찾기 어려워요.

I 그렇게 드물지도 않아요.

C 아, 어떻게 그렇게 말씀하실 수 있어요? 선생님은 연극 공연이야말로 가장 당당하고 또 거침없이 흘러가야 한다고 평생 주

장하셨잖아요. 영화에서는 아름다운 순간을 찾아보기 힘든데, 어떻게 찾을 수 있다는 건가요? 찾았다고 하더라도, 그 순간은 잘리고 나뉘어져서 따로 떨어진 채 지리멸렬하기만 하고 균형도 맞지 않아요. 어떻게 그런 순간을 인정하고 정당화할 수 있나요?

I 저기, 지난번에 내 말이 도움이 되었다고 그랬죠?

C 네, 선생님은 분명 저를 도와주셨죠.

I 그럼 그때처럼 가능한 한 방해하지 말고, 한 번 더 내 말을 들어줄래요?

C 네, 그럴게요.

I 좋아요. 저 대리석 분수를 좀 봐요. 1902년에 아서 콜린스가 만들었어요.

C 어떻게 아시죠?

I 밑면 가장자리에 끌로 새겨져 있어요. 방해하지 않겠다고 약속했잖아요.

C 네, 죄송해요.

I 콜린스 작품을 어떻게 생각해요?

C 나쁘지 않아요. 형식의 측면에서 아주 간단하고 명확해요. 경치와 조화를 이루면서도 장엄해요. 1902년에 만들어졌지만, 현대적 개념의 흔적을 분명하게 보여주기도 하고요. 아서 콜린스는 또 어떤 작품을 만들었나요?

I 이게 그가 마지막으로 만든 작품이에요. 아서 콜린스는 서른다섯 살에 죽었어요. 그는 전도유망한 조각가였죠. 젊은 나이였지만 현대 거장들에게 많은 영향을 끼쳤어요.

C 그렇군요. 이해가 가네요. 그가 작품을 남겨서 우리가 그 작품을 보고, 예술의 역사를 추적하고, 동시대 사람들의 비전을 이해하게 된다니 멋지지 않나요?

I 그럼요, 정말 멋진 일이죠. 그렇다면 시돈스 여사가 연기했던 모습을 보고 싶지 않아요? 그녀는 이런 대사를 했죠.

"아직도 여기에 피비린내가 나는구나.
아라비아 향수를 다 뿌린다 해도
이 작은 손에서 향기가 나게 하지 못하리라.
오! 오! 오!"

시돈스 여사가 "오! 오! 오!"라는 대사를 읊었을 때 어땠는지 알고 싶지 않나요? 소문에 따르면, 그녀가 그 대사를 할 때 사람들이 기절했다고 해요. 물론 정말인지 우리는 알지 못하죠. 「리처드 3세」에서 데이비드 개릭이 윌리엄 케이츠비를 무시하던 대사를 들어볼래요?

"이놈! 내 이 주사위 한 판에 목숨을 걸었으니,
죽든 살든 끝장을 볼 것이다."

아니면 제퍼슨이나 부스, 아니면 엘렌 테리는 어때요?? 나는 이아고가 이렇게 말했을 때, 살비니가 보인 반응을 아직도 선하게 기억합니다.

"하지만 제 명성을 훔치는 자는
스스로 부자가 되지는 못하지만,
저는 정말 가난해지게 되지요."

언젠가 한번 살비니의 반응을 묘사해보려고 한 적이 있어요. 그러나 헛된 일이었죠. 그 반응은 사라졌으니까요. 하지만 이 분수는 그 자체로 말합니다. 그에 비해 무대 위의 살비니가 어땠는지 전해줄 수 있는 것은 아무것도 없어요.

C 정말, 안타깝네요……. (그녀는 잠시 멈추어 수심에 잠기더니, 슬픈 미소를 지으며 말한다.) 음, 제가 선생님에게 큐 사인을 준 것 같아요.

I 당신은 늘 나에게 큐를 주죠. 내가 상황을 만들어내지 않아요. 상황을 관찰해서 당신에게 제시하죠. 그러면 당신은 그 상황에서 결론을 끌어내고, 필요한 것을 취합니다. 예술에 존재하는 단 하나의 규칙은, '우리가 스스로 발견한 규칙'이에요.

C 위대한 배우들의 이미지와 목소리가 후대에 전해지지 않는다니. 남겨두지 않은 것이 너무 아쉬워요. 이제 저는 결론을 내렸어요. 그런 이유로 제가 영화의 싸구려 제작 방식에 시달릴 필요는 없으니까요.

I 아니에요. 그대가 해야 할 유일한 일은, 그대가 살아가는 시대에 뒤떨어지지 않도록 나아가고 예술가로서 최선을 다하는 겁니다.

C 아뇨, 무리예요.

I 그렇지 않아요. 꼭 해야 해요.

C 그것은 잘못된 유행이에요. 일시적일 뿐이죠.

I 사고방식이 편협하군요.

C 천만에요, 단지 배우로서 제 본성이 그 기계 괴물에 저항할 뿐이에요.

I 그렇다면 배우가 아니죠.

C 제 영감과 창조적인 작업을 표현하는 수단이 자유롭고 중단 없이 이루어지기를 원하는데도요?

I 아뇨. 위대하고 최종적인 드라마를 보존하고 이어갈 수단을 발견한 일에 대해 당신이 기뻐하지 않기 때문이에요. 그 수단은 아주 오래전부터 다른 예술이 모두 가지고 있었지만, 가장 오래된 예술인 연극만이 오늘날까지 결여한 것이죠. 그 수단은 다른 예술이 모두 가지고 있는 정확성과 과학적인 안정성을 연극에 제공합니다. 또 회화의 색채, 조각의 형태, 음악의 현악기와 목관악기, 금관악기, 건축의 수학, 시의 단어와 같이 배우의 정확성을 요구하고요.

C 하지만 터무니없이 멍청한 영화가 매주 수백 개씩 등장해요. 한번 보세요. 연기도 나쁘고, 동작도 보잘것없고, 리듬도 잘못됐어요.

I 수억 개의 멍청한 그림, 노래, 공연, 집, 책을 봐요. 아득한 옛날에 등장해서 아무도 해치지 않고 그저 망각된 채 사라져버렸죠. 그럼에도 좋은 것은 끝내 살아남았어요.

C 좋은 영화 하나가 그토록 가치 있나요?

I 그럼요. 조금만 포용력을 가져봐요. 배우의 예술, 즉 연극이라는 예술을 보존한다는 생각 말이에요. 입으로 발화한 드라마가 문서로 만들어지는 셈인 거죠. 이를테면 이미지와 움직임, 그리고 목소리를 자동으로 기록하는 기계가 발명된 덕분에 배우의 개성과 영혼이라는, 연극 예술의 사슬에서 마지막으로 빠진 고리가 복구된 거예요.

게다가, 연극이 더는 일시적인 사건이 아니라 영원한 기록이 되었다는 점을 알고 있나요? 배우가 내밀하게 창조하는 작업이 더는 대중들 앞에서만 행해질 필요가 없고, 그대의 작품을 보기 위해 이제는 관객들이 땀을 흘리며 수고하지 않아도 된다는 점은요? 배우는 창작하는 순간에 구경꾼들로부터 자유롭고, 오직 그 결과로만 평가받습니다.†

C 기계 앞에 서 있는 배우는 자유롭지 못해요. 그가 맡은 역할에서 말하는 거의 모든 문장이 이전 문장과, 또 다음 문장과 분리되어 있어요. 갈기갈기 찢어지는 기분이 들죠.

---

† 이 대목은 '연기'의 본질을 말하기 위한 과정이기는 하지만, 저자가 당시로서는 상당히 진보적인 견해를 지녔음을 알 수 있는 대목이기도 하다. 왜냐하면 그녀의 말대로, 당시 연극에 비해 영화는 그녀가 '싸구려'라고 지칭하듯 쇼트의 단절과 그 때문에 유지할 수 없는 연기의 지속성, 주제에 대한 통일성의 물리적 단절로 인해 현저하게 폄하되고 있었기 때문이다. 하지만 이후 영화가 지닌 가치가 이러한 관점을 바꾸고, 실제로 보편화되기까지는 상당한 시간이 걸렸다.

I 시인이 쓰는 단어도 하나하나 다 다른 단어와 분리되어 있어요. 모아서 놓은 전체가 중요한 거예요.

C 그러면 어떻게 흐름 속에서 역할을 파악할 수 있나요? 어떻게 감정을 쌓고, 어떻게 진짜 영감을 받아 연기해서 무의식적으로 그 절정에 오를 수 있죠?

I 연극에서 하는 방식으로 하면 돼요. 당신은 무대에서 자신이 한두 개의 역할을 성공적으로 연기했기 때문에 더 이상 배울 것이 없다고, 기술을 향상하거나 쌓을 것이 없다고 생각하는군요?

C 그렇지 않다는 걸 아시잖아요? 저야말로 항상 배우고 싶어요. 그렇지 않다면 이 호수 주위를 두 번씩이나 선생님과 함께 걷고 있지 않았을 거예요.

I 좋아요. 그렇다면 이제부터 우리의 걸음은 매끄럽게, 끊임없이, 물 흐르듯 이어져 최고의 고비를 향해 나아가야겠죠?

C 아……. 제가 숨이 가빠 풀밭에 쓰러질 때는 언제일까요?

I 바로 그거예요! 그리고 그게 자신이 맡은 역할을 연기하는 방법입니다. 역할에 파고들어 감정을 쌓고, 최고의 고비에 이를 때까지 나아간 후에야 비로소 비평가의 무릎에 쓰러져 숨을

쉬려고 애쓰는 거죠. 물론 비평가도 당신이 숨을 쉬는 데에는 크게 도움이 되지 못해요.

C 그게 무슨 뜻이에요?

I 자, 이제 본론으로 들어갈게요. 영화에서 연기하는 데 가장 큰 어려움은 무엇이었나요?

C 발판 같은 게 없어요.† 중간 장면을 먼저 하라고 하고선, 네다섯 줄 대사를 하면 그 장면을 끝내죠. 그러고 나서 한 시간 후에 또 다른 장면을 하라고 하는데, 이 장면은 대본에서 이전 장면보다 먼저 나오는 장면이에요. 다시 대사를 네 줄 연기하고 한 시간을 기다려요. 정말로 그건 비정상이에요. 끔찍하죠.

I 기술이 없어서 그래요. 그뿐입니다.

C 무슨 기술이요?

I 행동 구조action's structure에 대한 기술이에요.

---

† 그녀가 말한 첫 문장의 원문 표현은 'Lack of Springboard'이다. 이 '발판'은 연기에서 감정이나 상태를 불러일으키는 '전개' 과정을 의미한다. 영화는 촬영의 물리적 상태에 따라 이 순서를 무시하기에 '발판이 없다.'라고 표현한 것이다.

C 무대에서의 행동을 말씀하시는 건가요?

I 극적 행동dramatic action을 말하는 거예요. 작가는 극적 행동을 말로 표현하고, 그것을 말의 목적과 목표로 삼습니다. 배우는 배우actor라는 말 자체가 암시하듯 극적으로 행동합니다.

C 영화에서는 극적 행동이 불가능해요. 저한테 대본 두 장 반에 걸친 장면이 주어졌는데, 연기할 때 자그마치 열한 번이나 중단되었어요. 하루 종일 걸린 셈이죠. 제 역할은, 저를 사랑하는 남자에게 저도 그를 사랑하지만 그의 아버지가 저를 미워하기 때문에 무섭다고 납득시키는 것이었어요.

I 두 장 반 분량의 상황을 한 마디로 간단히 설명하는군요. 물론 한 마디만으로도 꽤 설득력이 있긴 해요. 좋아요, 그럼 두 장 반의 나머지 부분에서는 무엇을 했나요?

C 같은 행동을 하려고 노력했죠.

I 두 장 반 전부를요? 이런! 그들이 열한 번만 중단한 게 다행이군요.

C 그러면 또 뭐 다른 할 일이 있었겠어요?

I 저 나무를 봐요. 저 나무가 모든 예술의 주인공이에요. 즉, 행

동 구조를 이상적으로 보여주죠. 상향 운동과 측면 저항, 균형
과 성장…….

C 그렇죠.

I 나무줄기는 어떤가요? 줄기는 균형 잡힌 채 곧게 뻗어 있고,
나무의 다른 부분과 조화를 이루며, 나무의 모든 부분을 지탱
하고 있죠. 그게 중심 선율이에요. 음악에서는 라이트모티프†,
연극에서는 행동에 대한 감독의 생각, 건축에서는 토대, 소네
트에서는 시인의 사상이 되는 거예요.

C 음……. 그렇다면 연극을 연출할 때, 감독은 행동을 어떻게 표
현하나요?

I 연극을 해석해서 표현하죠. 또 그 해석을 확고하게 하는, 더
작고 부차적인 행동을 독창적으로 조합해서 표현합니다.

C 예를 들면요?

I 셰익스피어의 작품을 예로 들어봅시다. 연극「말괄량이 길들
이기」는 두 사람이 성격상 함께할 수 없는 사이임에도 서로

---

† 악극·표제 음악에서, 주요 인물이나 사물 또는 특정한 감정을 상징하는 동기. 곡 중에서 반복하여 사용함으로써 극의 진행을 암시하고 통일감을 줄 수 있다.

사랑을 갈망하고, 그 갈망을 이루는 내용입니다. 또한 '여자를 거칠게 다루어서' 여자를 이기는 한 남자에 대한 연극일 수도 있어요. 아니면 모든 사람의 삶을 비참하게 만드는 여자에 대한 연극일 수도 있죠. 그 차이를 이해하겠어요?

C 네, 어느 정도는요.

I 첫 번째 경우는 극적 행동이 '사랑하기'이고, 두 번째 경우는 '난폭하게 싸우기'이고, 세 번째 경우는 '여자의 분노'입니다.

C 예를 들어 첫 번째 경우, 극적 행동이 사랑이라면 선생님은 배우들이 내내 사랑하는 태도를 취하도록 연출하겠다는 말씀인가요?

I 나는 배우들이 '사랑하기'를 기억하도록 할 거예요. 나는 그들에게 모든 저주와 싸움과 다툼 뒤에 반드시 '사랑하기'라는 극적 행동을 두라고 요구할 겁니다.

C 배우에게 무엇을 기대하시는 건가요?

I 행동의 자연법칙을 따르기를 기대합니다. 삼중 법칙은 저 나무에 표현되어 있어요. 첫 번째는 중심 줄기, 즉 생각과 사유입니다. 무대 위에서 생각과 사유는 감독에게서 나옵니다. 두 번째는 가지, 즉 생각의 요소와 사유의 입자예요. 이는 배우에

76

게서 나옵니다. 그리고 세 번째가 잎이에요. 잎은 중심 줄기와 가지, 앞선 두 가지의 결과죠. 다시 말해 잎으로 생각을 훌륭하게 제시하며, 사유를 명쾌하게 결론짓죠.

C 잎을 틔울 때, 작가는 어디에 있나요?

I 작가는 나무속에 흐르면서 전체를 먹여 살리는 수액일 테죠.

C (눈을 반짝이며) 배우에게는 상당히 힘겨운 작업이겠어요.

I 글쎄요, 배우가 자신의 행동을 나타낼 줄 모른다면…….

C 이제 그만하세요. 충분히 알겠어요.

I ……게다가 카메라와 마이크 앞에서, 열한 번의 중단을 두려워한다면…….

C (멈춰 서서 발을 구르며 말한다.) 좋아요, 좋아. (매우 짜증 난 말투로) 그렇다면 어디 한번 그 기계들을 두려워하지 않는 방법을 알려주세요.

I 행동 구조라는 말로 제가 의미하는 바를 정확히 보여줄 수 있는 대본이나 연극이 필요해요. 하지만 지금은 없네요.

C 우리는 지난 삼십 분 동안 산책하면서 작지만 멋진 연극을 연기하고 막 끝냈어요. 사실 우리는 대화를 나눌 때마다 항상 연기를 하죠. 우리가 이야기한 것을 연극으로 삼지 그래요?

I 좋아요. 내가 감독이에요. 그대는 괴팍한 노인과 단막극을 하는 젊은 여배우입니다. 난 그 노인이기도 하고요.

C 됐어요. 인물 창조라면 나중에, 다음에 이야기해요.

I 알겠어요. 하지만 감독으로서 한마디만 할게요. 배우로서 당신이 지금 빚어내는 작은 연극의 중심 줄기, 즉 '중심 뼈대'는 극적 행동에 대한 진실을 발견하는 일입니다. 그것도 어두운 무대나 교실이나 책에서가 아니고, 더구나 당신을 해고할 태세를 갖춘 성난 감독 앞에서도 아닌 자연 속에서 공기, 태양, 활기찬 산책과 좋은 유머를 즐기면서 하는 일이랍니다.

C 방금 그 말씀은 곧 빠른 생각, 기운찬 통찰, 맑은 정신, 생각에 대한 확신, 이해하려는 열망, 또렷한 목소리, 빠른 템포, 그리고 논쟁하며 주고받을 준비가 되어 있냐는 뜻이죠?

I 브라보! 브라보! 감독으로서 내 일은 끝났어요. 방금 당신의 말 한마디로 우리는 중심 줄기, 즉 '중심 뼈대'를 확인했어요. 그렇다면 이제 수액으로 돌아갑시다.

C 작가를 말하는 거죠?

I 그래요, 바로 그거예요.

C (뜀박질하며 손뼉을 치고, 천진난만한 아이처럼 만족스럽게
  웃는다.)

I 자! 계속해서, 행동의 관점에서 대사를 분석해봅시다. 당신의
  역할을 생각해봐요. 우리만의 연극 초반에 뭘 했나요?

C 불평을 했어요…….

I 아주 신랄하게 말이죠.

C 그래요, 무시하고 경멸했죠.

I 그렇지만 젊은이답게 오기도 있었어요.

C 그럴만한 증거를 보여주고 싶었거든요.

I 설득력은 없었지만, 단호했죠.

C 저는 선생님을 믿지 않았어요……. 그리고 비난했죠.

I 고집 센 늙은이처럼 그랬죠. 그런데 당신은 걸으면서, 때로는 내 말에 동의했다는 사실을 잊었어요. 콜린스 씨의 분수를 관찰하고 연구했으며, 육체적으로 피곤함을 느꼈고, 내 주장에 반대할 말을 찾았고, 셰익스피어 대사를 조금은 즐겼으며, 거의 아홉 줄에 달하는 대사를 다루었다는 사실을 잊었네요.

C (눈이 휘둥그레지며) 제가 한 번에 그걸 다 했다고요?

I 아니죠, 어떤 인간도 한 번에 그렇게는 할 수 없어요. 그러나 그대는 중심 줄기, 즉 행동의 맥락을 염두에 두면서 부차적이거나 보충하는 행동들을 했어요. 마치 구슬을 실에 차례차례 꿰듯이, 때로는 서로 겹치지만 분명하고 뚜렷하게 구별되는 행동들을 꿰었지요.

C 그냥 억양과 어조가 아니었을까요?

I 행동의 결과가 아니라면, 그 억양과 어조는 어디서 왔을까요?

C 그건 그래요.

I 당신은 자신의 행동을 설명하면서 단지 동사†만을 사용했어요. 그 점이 중요해요. 동사는 그 자체가 하나의 행동이니까요. '그대가 무언가를 원한다.'라는 것은 '예술가의 의지'입니다. 그러고 나서 그 행동을 동사로 정의하면, 그것은 그대가 행하는

'예술가의 기술'입니다. 그다음, 그대가 실제로 기술을 구현하면, 이는 그대가 행하는 '예술가의 표현'이죠. 그대는 말을 매개로 예술을 표현합니다. 누구의 말이냐면…….

C 이 경우엔 제 자신의 말이겠죠.

I 그럴 수도 있고, 아닐 수도 있어요. 어떤 경우엔 작가의 말이 훨씬 나았을지도 모르니까요.

C (자신과 다른 상대의 의견에 동의한다는 것이 분명 그녀의 연륜으로는 쉽지 않을 테지만, 고맙게도 그녀는 조용히 고개를 끄덕인다.)

I 작가가 당신을 위해 그 대사를 썼을 수도 있어요. 그러고 나서 당신은 연필을 가지고 모든 단어나 대사 아래에 '행동의 음악'을 쓸 수도 있죠. 노래를 만들 때 노래 가사에 음표를 써넣는

---

† 행동 동사(Action Verb)를 말한다. '행동 동사', 혹은 '연기 동사'는 주로 상대방에게 감정적 영향을 끼치려는 의도를 담고 있다. 다시 말해, 이는 '상대 배우에게 영향을 끼치는 동사'를 의미한다. 동사 사용의 장점은 배우가 자신의 감정 상태에 집중하는 것이 아니라, 상대와의 '관계'에 집중할 수 있도록 유도한다는 것이다. 예를 들어 '경멸하다'라는 동사를 사용한다면, '경멸'은 상대방이 있어야 가능하다. 따라서 배우는 상대와의 관계에 집중하게 된다. 글에서 언급한 것처럼 배우가 다양한 행동 동사를 사용한다면 캐릭터를 보다 복합적이고 예측할 수 없는 존재로 만들 수 있다.

것처럼요. 그다음, 무대에서 당신은 그 '행동의 음악'을 연주할 것입니다. 음표를 외우듯이 행동을 외워야 하겠죠. 당신은 '나는 불평했다.'와 '나는 경멸했다.'의 차이를 분명히 알아야 할 것입니다. 또 그 두 행동이 서로 뒤따라 이어진다 해도, 가수가 'C'나 'C 플랫'을 다르게 전달하는 깃처럼 당신노 그 행동을 다르게 전달해야 할 거예요.

더구나 당신이 행동을 숙지했다면, 어떤 중단이나 질서의 변화에도 당신은 방해받지 않게 될 겁니다. 당신이 하는 행동이 한 단어로 제한되어 있고, 그 행동이 정확히 무엇인지 알고 있고, 또 갑작스러운 요청에도 그 행동을 드러낼 수 있도록 당신 안에 가지고 있다면, 그 행동을 전달할 때가 왔을 때 어떻게 방해받을 수 있겠어요?

당신이 만들어 낼 장면, 혹은 당신의 역할은 구슬을 길게 펜 실입니다. 행동의 구슬을 길게 펜 거죠. 묵주를 돌리듯 당신 손에 자신의 실을 쥐고 돌립니다. 구슬을 잘 잡고 있으면, 언제고 어디서든 실을 돌려 원하는 구슬을 쥘 수 있어요.

C 같은 행동이 몇 장에 걸쳐, 아니면 아주 긴 장면에서 지속될 수도 있지 않나요?

I 그럼요, 얼마든지요. 배우가 단조롭지 않게 행동을 유지하는 일은 매우 어렵습니다. 이를테면 '사느냐 죽느냐.'라는 하나의 고뇌에는 여러 문장이 뒤따르죠.

C 그게 뭐죠?

I 셰익스피어는 배우와 작업하면서 위험을 무릅쓰지 않았어요. 다시 말해 그는 그 어떤 우연한 가능성도 열어두지 않았죠. 셰익스피어는 맨 처음, 배우가 어떻게 하기를 원하는지 배우에게 말했어요. 사느냐 죽느냐를 고민하는 장면 자체가 중요하고, 그 장면은 심지어 길어서 연기하기에도 가장 어려운 장면입니다. 그 장면을 그저 암송하는 일이라면 매우 쉽죠.

C 네, 알겠어요. 암송은 중심 줄기와 가지가 없는 나뭇잎과 같다는 거죠?

I 정확해요. 그럴싸하게 목소리를 내며 거짓으로 포즈를 취하며 흉내내는 것에 불과합니다. 아주 잘 훈련된 목소리로 전달해서 최고처럼 보인다 해도 그저 형편없는 음악일 뿐이에요. 드라마로서는 의미 없는 짓이고요.

C 배우들이 맡았던 역할과 대사를 읊었던 선생님의 행동은 무엇을 의미하나요? 정말 슬프고 애석해 보였어요. 우리가 합의한 '중심 뼈대'를 잊었던 건가요? 우리는 중심 뼈대가 '기운, 맑은 정신, 빠른 생각' 등등이라고 결정했잖아요…….

I 잊지 않았어요. 나는 당신이 '안타깝다.'라고 말하기를 원했어요. 그래서 내 감정에 당신이 공감하도록 의도한 거예요. 결국

당신이 내 말을 생각하게 만들었고, 당신 자신이 결론을 이끌 어냈어요.

C 그러니까, 제가 수심에 잠기도록 선생님이 슬픔에 찬 행동을 보였군요?

I 그래요. 그리고 '맑은 정신과 빠른 생각으로 기운차게' 행했죠.

C 같은 단어를 이용해 다른 행동을 취하고, 같은 결과를 얻을 수 있나요?

I 네, 그렇습니다. 하지만 내 행동을 촉발한 건 당신이에요.

C 제가요?

I 그래요, 정확히 말하면 당신의 성격이 촉발한 거예요. 어떤 일 이든 자신을 납득시키려면 감정을 통해 접근해야 합니다. 감 정이 들어가지 않은 냉철한 추론으로는 당신의 마음에 와닿지 않죠. 당신의 마음은 곧 예술가의 마음입니다. 자신이나 다른 사람의 상상을 주로 다루는 마음 말이에요. 지금 내가 당신이 아닌 역사학 교수를 옆에 두었다면, 나는 슬픔에 찬 행동으로 무언가를 설명하려 하지는 않았을 거예요. 나는 모든 역사가 의 약점인 '과거'라는 그림으로 그를 설득하고, 그는 내 말을 납득했겠죠.

C 그렇군요. 배우는 자신과 대립하는 역할의 성격도 고려해서 행동해야겠네요.

I 네, 언제나요. 역할 뿐만 아니라 역할을 맡은 배우의 개성에도 맞추어야 해요.

C 행동, 그러니까 동작을 어떻게 외우죠?

I '정서 기억'을 통해 감정을 찾은 후에 하면 돼요. 지난번에 우리가 한 얘기 기억해요?

C 네, 기억해요.

I 당신은 동작을 할 준비가 되어 있어요. 동작이 몸에 배도록 하기에 리허설이 유용합니다. 동작을 몇 번 반복하고, 그 동작을 기억합니다. 동작은 기억하기에 매우 쉬워요. 말보다도 훨씬 쉽죠. 지금 당장 말해봐요. 우리가 만든 연극에서, 초반에 당신이 어떤 동작을 했죠?

C (그녀는 빠르고 힘차게 말을 잇는다. 그녀의 마음은 온통 그 상황에 '머무르고' 있다.) 저는 불평하고, 무시하고, 경멸했어요. 저는 선생님을 비난했고, 선생님을 믿지 않았어요…….

C 저는…… 저는…….

I 어서요, 당신의 행동은 무엇을 의미합니까?

C 제가 선생님의 이야기를 믿는다는 사실을 선생님 앞에서 증명
하고 있습니다.

I 나도 당신을 믿어요. 당신이 그 사실을 온몸으로 증명했기 때
문이에요.

네 번째 수업: 성격 구축

The Fourth Lesson: Characterization

등장인물

I 나(The Teacher, Richard Boleslawski)
C 그녀(The Creature)
G 경비원(The Guard)

나는 연극 공연장 입구에서 그녀를 기다리는 중이다.

그녀는 지금 중요한 연극에 배우로 참여하고 있다. 그녀는 자기가 맡은 역할에 대해 논의하고 싶다며, 리허설이 끝나고 나서 집으로 같이 걸어가자고 말했다.

얼마 되지 않아, 문이 열리고 그녀가 서둘러 나온다. 조금은 지친 모습으로 머리카락이 헝클어져 있다. 하지만 눈은 밝게 빛나고, 뺨은 열정으로 상기되었다.

C 선생님, 죄송해요. 저는 여기에 남아서 리허설을 더 해야겠어요. 집에 가지 않을 거예요.

I 다른 배우들은 다 가던데. 혼자 리허설을 하려는 건가요?

C (슬픈 듯이 고개를 끄덕이며) 음……. 네.

I 무슨 문제라도 있어요?

C 너무 많아요.

I 내가 들어가서 어떻게 하는지 한번 리허설을 지켜봐도 괜찮겠어요?

C 선생님, 고맙습니다. 사실 겁이 나서 부탁하기가 힘들었어요.

I 왜요?

C 제가 진짜 너무 못해요. 최악이에요.

I "와서 봐주세요, 내가 아주, 진짜 아주 잘해요!"라는 말을 들었다면 좋았겠어요.

C 아니, 제 말은 그게 아니에요. 제가 못하는 것은 다 선생님 잘못이라는 거예요. 이번에 새로운 역할을 맡아서 선생님이 알려주신 대로 다 했는데, 제대로 되는 게 없어요.

I 그래요? 한번 봅시다.

우리는 중년의 경비원을 지나친다. 그는 셔츠 바람으로 파이프 담배를 피우고 있다. 숱이 많은 눈썹 아래, 움푹 파인 어두운 눈으로 나를 쳐다본다. 깨끗하게 면도한 얼굴이 단호해 보인다. 그의 존재 자체가 극장 입구를 막고 있다. 그는 단지 경비원이 아니다. 그는 경비원을 연기한다. 아무도 들여보내지 않는다. 마치「햄릿」에 등장하는 보초병인 프란시스코나 버나도, 마셀러스를 자기 위치에서 훌륭하게 체현體現하고 있는 듯하다. 내가 그를 지나치려 하자, 그는 손을 장엄하게 들어올려 제지한다.

C 괜찮아요, 제가 초대한 분이에요.

경비원은 말없이 고개를 끄덕인다. 나는 그 눈에서 들어가도 좋다는 허락을 읽어낸다. 나는 생각한다. 그렇게 짧은 시간 안에 태도가 바뀌는 것은 배우에게나 가능한 일인데, 그 또한 배우일까? 나는 모자를 벗으며 극장에 들어선다. 극장 안은 어둡다. 전구 하나만이 어둠의 중심에서 빛을 밝히고 있다. 그녀가 내 손을 잡고 계단 통로를 지나 무대 앞좌석으로 이끈다.

C 선생님, 여기 앉으세요. 그리고 아무 말도 하지 말아주세요. 방해하지도 마시고요. 지금부터 몇 장면을 연이어 연기할게요. 그러고 나서 뭐가 잘못되었는지 말씀해주세요.

그녀가 무대로 돌아간다. 나는 홀로 남겨진다. 그 공간에는 어둠 사이로 반짝거리는 상자들이 가장자리에 놓여 있고, 천으로 뒤덮인 의자들이 늘어서 있다. 외부 소음이 희미하게 들린다. 고요하지만 정적은 살아서 진동한다. 그 정적에 나의 신경은 반응한다. 커다랗고 검은, 수수께끼 같은 텅 빈 무대를 향해 공감과 기대의 실마리를 던지기 시작한다. 내 마음속에 기이한 평화가 내려앉는다. 나는 이제 부분적으로 존재하지 않게 된다. 내 영혼 대신 다른 사람의 영혼이 내 안에 사는 듯 낯선 기운이 느껴진다. 나는 외면적으로는 살아있지만, 내면적으로는 죽게 될 것이다. 나는 상상의 세계를 관찰하고 참여하리라. 이윽고 나는 꿈으로 가득 찬 마음으로 깨어날 것이다. 빈

극장이라는 달콤한 독약, 텅 빈 무대. 그 위에서 리허설하는 배우 한 명. 존재하는 것은 그녀뿐이다.

그녀가 등장한다. 손에 책을 들고 있다. 그녀는 무언가 준비하려고 하지만, 정신이 산만하다. 누군가를 기다리고 있음이 분명하다. 중요한 사람일 것이다. 그녀는 떨고 있는 것 같다. 마치 그림자에게 동의를 받고 조언을 구하듯 주위를 둘러본다. 그러고는 용기를 낸다. 그녀가 희미하게 한숨을 내쉬는 것이 들린다.†

   그런데 갑자기, 그녀가 먼 곳에 있는 누군가를 본다. 그녀는 뻣뻣하게 굳은 채로 심호흡이 가빠온다. 두려워하고 있는 게 틀림없다. 그녀는 책을 낭독하려는 것처럼 보인다. 그러나 단 한 글자도 보지 못한다. 한마디 말도 나오지 않는다. 나는 긴장한 채 지켜보며, 나 자신에게 속삭인다. 잘한다. 잘하고 있어. 나는 이제 당신이 하는 모든 말을 들을 준비가 되었어!

   그녀는 어디론가 귀를 기울인다. 이윽고 몸이 이완되며, 책을 쥔 손이 축 처진다. 그녀는 머리를 한쪽으로 살짝 기울여, 상상의 말들이 그녀의 귀를 통해 영혼에 닿도록 무의식적으로

† 이 장면은 셰익스피어의 「햄릿」 3막 1장, 오필리어와 햄릿이 만나기 직전의 장면이다. 이 상황은 단순하지 않고 복합적이다. 덴마크 왕 클로디어스와 그의 고문관이자 오필리어의 아버지인 폴로니어스가 오필리어와 햄릿이 우연히 만나도록 한 다음, 숨어서 둘을 염탐하며 햄릿의 광기를 파악하고자 하는 장면이다. 물론 오필리어는 이 사실을 알고 있으며 햄릿을 속여야 한다. 그래서 정신이 산만하고 긴장한 것이다. 오필리어는 지금 자기 아버지의 존재를 의식하면서 햄릿을 기다리고 있다.

노력한다. 이윽고 그녀는 고개를 끄덕인다.

c "왕자님, 요사이 어찌 지내셨는지요?"

(셰익스피어 「햄릿」 3막 1장, 오필리어의 대사. 그녀의 목소리에는 따뜻하고 진심 어린 애정과 존경심이 담겨 있다. 그녀는 마치 오빠에게 말하듯 다정하게 대한다. 그러고 나서 그녀는 두려움과 떨림으로 상상 속의 대답을 찾는다. 대답이 이어진다. 이하 말줄임표 햄릿의 대사.)

(그녀는 잠시 눈을 감는다.)

"왕자님, 왕자님께서 주신 사랑의 징표들을
오래전부터 되돌려 드리려 했습니다.
노여워 마시고 제발 받아주세요."

어쩐 일일까? 그녀는 진실을 말하고 있지 않은 것 같다. 그녀의 목소리에는 두려움이 깃들어 있다. 겁에 질린 듯이 서 있는 그녀다. 그녀는 보이지 않는 누군가에게 도움을 받기라도 하려는 듯 다시 주위를 둘러본다. 갑자기 그녀는 상상 속의 대답을 듣고 충격받은 듯 움츠러든다.

마음을 직격한 충격이었음에 틀림없다. 그녀는 책을 떨어뜨린다. 손가락은 떨리고 있다. 두 손을 쥐고 자신을 방어한다.

(……)

"왕자님, 왕자님께서 제게 주셨다는 것을 잘 아시잖아요.
 선물을 주실 때마다 곁들인 다정한 말씀 덕분에
 선물이 한층 더 빛났죠.
 이제는 그 향기가 사라졌으니 도로 가져가세요.
 숭고한 마음을 가진 사람 앞에서는,
 아무리 훌륭한 선물이라고 해도
 주신 분의 진심이 사라지면
 초라한 물건이 될 뿐입니다."

그녀의 목소리가 멈추었다가, 갑자기 강렬하게 치솟는다. 상처 입은 자존심과 사랑을 지키기 위해 거리낌이 없다.

"여기 있습니다. 왕자님."

(가슴에서 보석을 꺼내 햄릿 탁자에 내어 놓는다.)

그녀는 더 성장한 듯하다. 근육과 감정 사이를 조율한 결과이자, 훈련받은 배우의 첫 신호이다. 감정이 강할수록, 목소리는 더 자유롭고, 근육은 더 이완된다.

(······)

"왕자님!"

그 연약한 몸에 담대함이 담겨 있다.

 (……)

"무슨 말씀이신가요, 왕자님?"

그녀는 두려움을 잊고, 배역과 동등한 입장으로 말한다. 그녀는 자신의 행동에 대한 확인을 얻으려 하거나 도움을 구하려 주위를 둘러보지 않는다. 대답을 기다릴 기색도 없이, 그녀는 검은 공간에 말을 내뱉는다.

 (……)

"아름다움이 정숙함과 관계 맺는 것보다
 더 잘 어울리는 것이 있을까요?"

 (……)

그때였다. 그녀의 얼굴에 변화가 일었다. 고통, 애정, 슬픔, 흠모. 이 모든 것이 눈과 떨리는 입술에 담겨 있다. 나는 이해한다. 그녀의 상대는 사랑하는 사람이다. 울리는 바람처럼 낮은 목소리가 이어진다.

"정말입니다, 왕자님.

왕자님께서 제가 그렇게 믿도록 하셨죠."

(……)

그리고 여전히 더 조용하고 슬픈 목소리다.

"저는 완전히 속았군요."

(……)

그러고 나서 긴 침묵이 이어진다. 그녀는 분노, 수치심, 비난의 말을 속으로 삼킨다. 그 말들은 그녀 자신을 땅바닥에 내던져 버리고, 진정으로 잊었던 사람, 그녀를 지배하고 그녀에게 정확히 무엇을 해야 하는지 말해준 사람을 떠올리게 한다. 그녀는 지금 '그 사람'을 의식하고 있다. 그녀는 자기 자신이 아니라 순종적인 딸일 뿐이다. 그녀는 아버지가 손아귀에 쥔 도구로 존재한다. 갑자기 그녀가 몸을 떤다. 그녀는 피할 수 없는 질문, 수치스러운 질문을 듣는다. 그리고 다시 한번 거짓말로 대답한다. 고통스러운 거짓말이다.

"집에 계십니다, 왕자님."

(……)

공포는 그녀를 채찍질하고, 절망은 그녀가 영혼의 심연에서 흐느껴 울게 한다. 그녀는 "오, 내가 무슨 짓을 했는가?" 하며 온몸으로 울부짖는다. 그러고는 하늘에 기도한다.

"오, 자비로운 하늘이시여, 왕자님을 도우소서!"

(……)

"오, 하느님, 왕자님의 정신이 돌아오게 하소서!"

(……)

그러나 하늘과 땅은 말이 없다. 그저 천둥소리가 들릴 뿐이다. 천둥은 그녀가 믿고 사랑했던 사람의 목소리로 전갈의 침처럼 그녀의 마음을 찌른다. 그 말에는 이해한다는 표시도, 애정의 흔적도 없다. 자비로운 어투는커녕, 증오와 비난, 문책뿐이다. 세상의 종말이다. 우리 모두에게 세상이란 우리가 사랑하는 그 사람이기 때문이다. 사랑하는 이가 사라지면, 세상은 사라진다. 세상이 사라지면 우리도 사라진다. 불과 1분 전까지만 해도 중요하다고 생각한 모든 사물과 사람을 망각해버린다. 공허해질 뿐이다. 그녀는 고스란히 홀로 남았다. 그녀의 수축된 몸과 활짝 열린 눈에서 그녀의 고독을 읽는다. 지금 그녀의 뒤를 아버지의 군대가 지키고 있더라도, 그녀는 혼자다.

그리고 그녀는 그녀 자신에게 가슴 아픈 말을 할 것이다. 조금 전 있었던 모든 일을 필사적으로 확인하려고 애쓰며, 온전한 정신에서 나올 수 있는 마지막 말을. 그녀는 믿을 수 없을 만큼 고통스러워 영혼이 육체에서 분리되는 것 같은 통증을 느낀다. 따로 떨어져 있는 말들이 한데 모여들어, 빠르게 증폭된 리듬으로 입밖에 쏟아져나온다. 목소리는 허허롭다. 이어지는 눈물은 이별을 감당하기에 부족하다. 그녀의 말은 돌이 아래로, 아래로, 끝없는 심연으로 가라앉는 듯하다.

"아, 그토록 고귀한 정신이 이토록 무너지다니!
 조신朝臣의 눈, 군인의 칼, 학자의 혀요,
 나라의 희망이자 꽃이며,
 풍속의 거울과 예절의 모범이고,
 모든 존경의 귀감이 아주, 아주 무너졌어!
 그리고 나는 여인 중에서 가장 처량하고 비참한 여인,
 그분이 들려주는 음악 같은 맹세의 꿀을 빨았지만,
 이제, 그토록 고귀하고 지고한 이성이
 상쾌한 종소리가 깨진 듯이 음색을 잃고 거칠게 울부짖고,
 활짝 핀 청춘의 비할 데 없던 용모와 자태가 광기로
 다 시들어버리는 모습을 보는구나.
 아, 가련한 내 신세여!
 이전과는 다른 이런 모습이라니!"

그녀는 기진맥진하여 무릎을 꿇고 주저앉는다. 어둠을 뚫고

나를 똑바로 바라본다. 그 눈은 아무것도 보지 않고, 무엇도 나타내지 않는다. 그다음은 세상을 잃은 정신이 불러오는, 필연적이고 논리적인 광기다.

(……)

그녀는 상황에서 벗어나 바닥에서 벌떡 일어난다. 손으로 머리를 문지르고, 금발 머리카락을 털어내며 휙 돌고 나서, 발랄하게 말한다. 그녀가 돌아왔다.

C 음, 선생님. 이게 제 최선이에요. 고든 크레이그가 말했다죠. "누군가의 최고가 그렇게 나쁘다는 건 정말 유감이다."라고요.

그녀가 피식 웃는다. 훈련받은 배우가 보이는 또 다른 신호다. 연기할 때 얼마나 깊은 감정에 빠졌었는지는 중요하지 않다. 삶으로 돌아오면 그 감정은 툭 끊어지고, 동요되지 않은 채 내버려진다.†

---

† 만일 우리가 앞선 세 장을 통해서 저자가 말하는 '연기'의 개념을 이미 터득한 자가 아니라면, 이 말은 앞의 내용을 죄다 번복하는 문구가 될 것이다. 지금까지 저자는 우리에게 줄기차게 '그 인물'이 되어야 한다고 하지 않았던가? 지속적으로, 끊임없이 말이다. 그런데 여기서는 완전히 반대되는 말을 하는 것처럼 보인다. '연기할 때 얼마나 깊은 감정에 빠졌었는지는 중요하지 않다'라니, 두 번째 수업에서 특히나 '감정'을 기억하고 떠올리며 체화시켜야 한다고 하지 않았는가. 연기에 감정이 중요하지 않다는 말일까? 우리는 여기에서 '깊은 감정'에 주목해야 한다. 감정

99

I 여기로 내려와요.

(그녀는 무대 앞 조명을 뛰어넘어 내 옆으로 달려와 앉는다.)

I 다들 당신에게 뭐라고 하던가요?

C ……과하대요. 제가 "열정을 갈기갈기 찢어 버렸다."라고 했어요. 아무도 절 믿지 않을 거래요. 연기가 아니라 병적인 최면술이고, 제가 저 자신과 제 건강을 망칠 거라고 했어요. 이런 식으로 연기하면 관객들에게 상상할 여지를 남기지 못한다고 관객들에게는 그런 완전한 성실함이 오히려 당혹으로 비칠 거라고 했어요. 마치 잘 차려입은 군중들 앞에서 갑자기 누군가가 벌거벗은 채 나타난 것처럼 말이죠. 됐나요? 더 얘기할까요?

이 깊어야만 '그 인물'을 연기할 수 있지만, 말하자면 이는 연기하기 위한 것이라는 점이다. 그렇기에 삶으로 돌아오면 바로 '그 감정'은 끊어지고 배우 자신으로 되돌아오는 것이다. 마치 다 지난 하찮은 과거처럼 툭 끊어진다고 표현한 것이다. 네 번째 수업에서부터 비로소 그는 '극'에 대해 말한다. '사실'이라는 것은 진실이자 너무나 중요해서 내보이지 않고는 못 배길 만한 것이다. 바로 그런 점에서 인물의 감정은 삶에서 툭 떼어내어 따로 이야기로 나타내는 것이라는 점을 분명히 깨닫도록 한다. 즉, 일상에서는 그저 지나쳐 버릴 무언가를 핵심적으로 드러낸 것이 '이야기'이고, 때문에 깊은 성찰과 극의 심연까지 내려가는 체화된 '이해'와 '연기'가 필요한 것이다. 그러나 이는 '극'을 위해 필요한 것으로, 일상과 배우의 삶에까지 침투되어서는 안 된다. 배우가 냉철하고 냉정하게 자신을 통제하여 이룩해야 하는 것은 '연기'이다. 삶에서도 극이 배우를 침범하면, 결국 그는 냉정과 냉철함을 잃는 셈이다. 결국 배우는 자신을 인물에 체화해 '그'가 되어 연기하면서도, 동시에 스스로 연기하는 자신을 놓지 않고 쳐다보고 있어야 한다.

I 됐어요. 충분할 뿐만 아니라 사실이기도 해요.

C 아……. 브루투스, 너마저?† 저는 선생님이 가르쳐주신 대로
다 했는데요…….

I 그리고 잘했다고 해야겠죠.

C 그 말씀은 모순이잖아요.

I 천만에요. 그대는 내가 가르쳐 준 것을 모두 충실하게 해냈어
요. 나는 당신이 자랑스러워요. 지금까지는요. 그렇지만 이제
다음 단계로 나아가야 해요. 당신이 벌거벗은 채 군중 앞에 선
것 같다고 말한 건 과장이 아니에요. 사실 그래요. 그러나 나
는 그것이 무엇인지 알고 있기 때문에 개의치 않습니다. 하지
만 관객의 입장은 달라요. 관객은 편하지 않을 겁니다. 관객은
완전한 작품을 감상할 자격이 있으니까요.

C 그러면 저는 더 교육받고 훈련해야 하는 건가요?

I 맞아요.

---

† "브루투스, 너마저?(Et tu, Brute?)"
라는 말은 로마 황제 율리우스 카이
사르가 친구 마르쿠스 유니우스 브
루투스를 포함한 무리에게 암살당
하면서 브루투스를 보고 외쳤다는
유명한 인용문이다. 흔히 신뢰하던
사람에게 배신당했을 때 사용한다.

C 선생님, 저는 못 하겠어요……. 그래도 계속 말해주세요.

I 포기하지 말아요. 내가 지금 당신에게 말하지 않는다면, 당신은 스스로 알아낼 때까지 노력해야만 할 거예요. 아마 몇 년, 어쩌면 그 이상이 걸릴지도 모릅니다.

다음 단계를 숙달할 때까지 여전히 노력해야 합니다. 그리고 그때도 멈추면 안 돼요. 새로운 난관이 생길 테고, 그 또한 극복해야겠지요.

C 평생이요?

I 그럼요. 평생 끝도 없이 계속해야 합니다. 이것이 예술가와 제화공製靴工의 유일한 차이점입니다. 제화공은 신발 한 켤레를 완성하면 그걸로 끝이에요. 이미 만든 부츠는 잊어버리죠. 하지만 예술가는 다릅니다. 한 작품을 완성해도 끝난 게 아니에요. 그것은 단지 하나의 단계를 거친 것일 뿐이죠. 예술가의 모든 단계는 서로 맞물려 이어져 있어요.

C 아……. 제발 그렇게까지 논리적이지 않았으면 좋겠어요. 선생님은 지금 무슨 케케묵은 수학자 같아요. 예술에 단계가 있다고요? 맞물려 이어져 있다니. 하나, 둘, 셋, 넷. 어처구니없네요. 그렇다면 그건 예술이 아니라 수공예일 뿐이에요. 그래요, 늙다리 목수! 그게 바로 선생님이에요!

I 감정을 제작하는 사람이라는 뜻인가요? 칭찬해줘서 고맙군요. 이제 내가 의상 디자이너로 변신해서 당신의 감정에 옷을 입혀 줄까요? 왜냐하면, 나와 당신을 평가한 이들이 동의하듯이, 당신의 감정은 아주 적나라하게 드러나 있어요. 당신은 상당히 괴롭겠지만, 그게 사실이에요.

C (아주 도전적으로 웃으며) 전 상관없어요.

I 하지만 난 상관이 있죠. 아무도 내가 부도덕하다고 말하지 않길 바랍니다. 비도덕이면 몰라도 부도덕은 아니죠.

C (계속 웃으며) 그런 생각은 안 할 거예요. 좋아요! 그럼 옷을 입혀주세요. 나는 벌거벗었어요. 귀도, 코도, 눈도, 감정도 모두 벌거숭이예요.

I 원한다면 그렇게 하죠. 감정만 살펴볼게요. 일단 감정을 칭찬으로 감싸면서 시작해보죠. 나는 당신이 당신의 역할을 구축하면서 행한 모든 것을 주의 깊게 메모했어요. 신체를 통제한 것부터 집중력, 감정의 선택과 명확한 윤곽, 그리고 그런 감정을 투사하는 힘까지. 모든 게 훌륭했어요. 나는 당신이 자랑스러워요. 그러나 딱 한 가지가 부족했어요.

C 그게 뭐죠?

I 캐릭터를 이해하고 '그'가 되어가는 거예요. 바로 성격 구축†
입니다.

C 아, 그거라면 간단하지 않나요? 무대 의상을 갖추고 분장하면
되잖아요.

I 그런다고 해서 바뀌는 건 없어요.

C 그렇게 단정지을 수는 없죠. 분장을 마치고 의상을 입으면, 저
는 제가 표현해야 하는 그 대상이 되었다는 느낌이 들어요. 그
때 저는 제가 아니에요. 저는 그 인물이 되는 것이라면 전혀
걱정하지 않아요. 그건 저절로 이루어지니까요.

이쯤 되면, 그럴듯하게 주장하는 그녀를 꺾기 위해 강력한 수
단을 사용해야 한다. 나는 주머니에 손을 넣어 작은 고서를 꺼
내 첫 장을 펼친다.

I 읽어봐요.

C 선생님의 또 다른 기술인가요?

---

† characterization, 인물화(人物化),
개성화라고도 한다.

I (불을 밝히며) 뭐가 됐든 한번 읽어봐요.

C 「배우: 연극 예술에 대한 논문」. 런던. R. 그리피스를 위해, 성 바울 교회 마당에 있는 둔치아드에서 인쇄. MDCCL.[†]

I (몇 페이지를 넘기며) MDCCL을 기억해 둬요. 약 200년 전의 문장이 그대에게 깊은 인상을 줄 겁니다. 이제 여길 한번 읽어봐요.

C (고대 문자와 철자를 어렵게 읽는다.) 우리에게 독특한 열정과 그 효과를 표현하고자 하는 배우는, 만약 그가 진실을 가지고 자신이 맡은 인물을 연기한다면, 그는 그 열정으로 보편적인 인간에게서 만들어지는 감정을 수용해야 할 뿐만 아니라 그 열정에 독특한 형식을 부여해야 한다.

I (중단시키며) 이제 더 크게 읽고 기억해요.

C 그가 우리에게 연기를 보여주는 동안, 그 인물의 가슴에서 그 열정이 발휘될 때, 그 독특한 형식을 통해 그 열정이 나타날 것이다.
(그녀는 책에서 눈을 떼고, 곧장 담배를 꺼내어 불을 붙인다.

[†] MDCCL은 로마 숫자로 연도를 뜻하며, 아라비아 숫자로 옮기면 1750년이다. 존 힐이 쓴 「The Actor: A Treatise On The Art Of Playing」을 말한다.

마치 대답을 들을 때가 되었다는 듯 격하게 담배를 피운다.)

C 음, 이백 년 묵은 이 저자 불명의 책이 말하려는 게 뭐죠?

I 당신이 무대 의상을 갖추고 분장하기 전에 성격 구축에 숙달해야 한다는 것입니다.

C (부드러운 목소리로) 선생님, 말해주세요. 어떻게 하나요?

I (오랫동안 잊힌 동화를 이야기하듯) 이를테면 이런 거예요, 배우는 한 역할을 창조할 때마다 무대 위에서 인간 영혼의 삶 전체를 창조하죠. 이 인간의 영혼은 모든 측면, 즉 신체적, 정신적, 감정적 측면에서 모두 볼 수 있어야 합니다. 게다가 독특해야 해요. 작가가 생각한 영혼, 감독이 당신에게 설명한 영혼, 그대가 존재의 심연에서 수면으로 끌어낸 영혼. 다른 어떤 것도 아닌 바로 그 영혼이어야만 합니다. 그리고 창조된 영혼을 무대에서 소유하는 이는 다른 모든 것과 다른 독특한 존재입니다. 그것은 햄릿이고, 다른 누구도 아닙니다. 또 그것은 오필리어고, 다른 누구도 아닙니다. 그들은 모두 '사람'입니다. 하지만 사람이라는 것 외에 유사성은 없어요. 그렇게 치면 우리는 모두 같은 사람이겠지요. 팔과 다리 개수도 같고, 코도 같은 위치에 붙어 있으니까요. 하지만 떡갈나무 잎 두 개가 똑같지 않듯, 두 사람은 결코 똑같지 않습니다. 그리고 배우가 인물의 형식으로 인간의 영혼을 창조할 때는 지혜로운 자연의

법칙을 똑같이 따라야 해요. 영혼을 독특하고 개성 있게 만들어야 합니다.

C 제가 그렇게 하지 않았나요?

I 대체적으로는 그렇게 해냈어요. 몸과 마음, 감정으로부터, 어떤 어린 소녀의 이미지로 보일 수 있는 모습을 창조했어요. 진실하고, 설득력 있고 강력한⋯⋯. 하지만 추상적이었어요. 그 모습은 리사나 메리, 앤일 수도 있었어요. 그러나 유일하게 존재하는 '오필리어'는 아니었습니다. 몸은 소녀의 몸이었지만, 오필리어의 몸이 아니었어요. 마음도 소녀의 마음이었으나, 오필리어의 마음은 아니었고요. 그것은⋯⋯.

C 다 틀렸다는 말씀이군요. 이제 어떡하지요?

I 절망하지 말아요. 당신은 더 어려운 문제들을 극복했어요. 이것은 비교적 쉬운 일이에요.

C (만족스러운 듯 말한다.) 좋아요. 오필리어는 어떤 몸을 가지고 있었을까요?

I 내가 어찌 알겠어요? 당신이 말해봐요. 그녀는 누구였나요?

C 조신朝臣의 딸이죠.

I 조신의 딸이라는 건 뭘 의미할까요?

C 잘 자라고, 잘 관리받고, 잘…… 먹었다?

I 마지막은 걱정할 필요가 없지만, 역사적 요소들을 잊지 말아요. 조신의 딸은 선택받은 존재로, 그에 맞는 태도를 갖춘 신체이고, 동족 중에서 최고임을 나타내는 존재예요. 타고난 권력과 위엄을 지니고 있습니다. 이제 몸가짐을 자세히 분석해봅시다. 미술관에 가거나 책을 찾아보면 알 수 있어요. 반 다이크, 레이놀즈를 봐요. 당신의 팔과 손은 자연스럽고 진실하지만, 나는 바로 그때 말할 수 있었어요. 당신의 손은 테니스를 치고, 차를 운전하며, 필요할 때 멋진 스테이크를 구워낼 수 있다고 말이죠. 보티첼리나 레오나르도 다 빈치, 라파엘로가 그린 작품에 등장하는 인물의 손을 연구해봐요. 그리고 당신의 걸음걸이는 마치 체육 선생님 같아요.

C 저……저기, 그림은 걷지 않는데요.

I 부활절 밤, 예배당에 가서 수녀들의 행렬을 봐요. 온전히 보고 싶다면요.

C 알겠어요. 하지만 어떻게 그 모든 걸 이해해서 역할에 통합할 수 있나요?

I 아주 간단해요. 공부해서 자기 것으로 만들어요. 그 정신 속으로 들어가요. 또 다른 손을 연구해요. 그 손의 나약함, 꽃 같은 부드러움, 좁은 폭, 유연성을 이해해봐요. 그대는 근육을 조절할 수 있어요. 그저 손바닥을 길게 구부려보아요. 얼마나 좁아졌는지 보이나요? 이틀을 연습하면 생각하지 않아도 원할 때마다, 그대가 원하는 한 그 자세를 유지하고 있을 겁니다. 그리고 그런 손으로 당신이 자신의 가슴을 움켜잡으면, 그 손은 그대가 만들어 낸 손짓과는 다른 몸짓이 되어 있을 거예요. 그 손은 스스로의 가슴을 움켜잡은 당신의 손이 아니라, 오필리어의 마음을 움켜잡은 오필리어의 손이 될 겁니다.

C 그림 한 장만 공부하고 이해하면 되나요? 아니면 여러 그림을 연구해야 할까요?

I 그림뿐만 아니라, 동시대의 사람들도 연구해야겠죠. 전체적으로든 부분적으로든지요. 보티첼리에게서 머리를, 반 다이크에게서 자세를 빌리고 당신 언니의 팔을, 무용가로서가 아니라 한 개인으로서 앙나 엔터스†의 손목을 사용할 수 있습니다. 바람에 움직이는 구름이 당신의 걸음걸이에 영감을 줄 수 있어요. 타블로이드 신문이 열두 장의 각기 다른 사진을 가지고 사건이나 사람의 합성 사진을 만들 듯, 이 모든 것이 복합적인

---

† 앙나 엔터스(Angna Enters, 1897~ 1989), 당대의 무용가이자 작가.

생명체를 만들 거예요.

C 그렇다면 언제 해야 하는 거예요?

I 원칙적으로는 마지막 리허설 이삼일 동안이죠. 당신은 지금 딱 그 시기에 있어요. 대신 그 역할에 잘 적응하고, 인물의 구조를 잘 알기 전에는 하지 말아요. 그러나 어떤 배우는 인물 구축을 먼저 시작하는 것을 선호합니다. 시작할 때만 해도 조금 어려울 뿐 큰 차이를 보이지 않지만, 그 결과는 확연히 다릅니다. 먼저 역할의 내적 맥락을 좇은 것과는 요소들의 선택도 달라지고요. 대개는 현명하지 못한 선택이죠. 마치 치수를 재지 않고 드레스를 사는 것과 같아요.

C 어떻게 요소들을 자기 본성에 맞게 받아들일 수 있나요? 어떻게 다 혼합할 수 있어요? 어떻게 하면 그 요소들이 현실적으로 그럴듯한 사람을 표현하게 할 수 있나요?

I 질문으로 대답해줄게요. 당신은 예의범절을 어떻게 익혔나요? 나이프와 포크로 먹는 법, 똑바로 앉는 법, 손을 가만히 두는 법을 어떻게 배웠어요? 지난 겨울엔 짧은 치마, 이번 겨울엔 긴 치마에 어떻게 적응했나요? 이런 방식으로 골프장을 걷고, 저런 방식으로 무도회장을 걷는다는 것을 어떻게 알고 있죠? 자신의 방에서 목소리를 낼 때와 택시 안에서 목소리를 낼 때가 다르다는 것을 어떻게 배우나요? 그대의 신체적인 품격에

관한 한, 그 모든 수백 가지 작은 변화가 당신을 당신으로 만듭니다. 그리고 그 모든 요소를 얻기 위해, 당신은 당신을 둘러싼 삶으로부터 살아 있는 예를 이끌어냈습니다. 내 제안은 같은 일을 하더라도 전문적으로 행하라는 것입니다. 체계적으로 연구하고 집중적으로 연습해서, 당신을 당신이 맡은 역할에서 두드러지는 신체적인 품격을 갖추게 할 모든 요소를 사용하라는 뜻입니다.†

C 그래서 선생님이 대화를 시작할 때, 제가 빨리 배우고 그 모든 것을 기억할 수 있도록 제 몸의 근육을 모두 완벽하게 통제할 수 있어야 한다고 말씀하신 것이었군요.

I 바로 그거예요! "빨리 배우고 기억하라." 왜냐하면 좋은 예절

---

† 배우가 지적일 가능성은 바로 여기에 있다. 배우는 학위를 취득하기 위해 공부하지 않아도 인물에 대한 해석에 집중한다면 지성적인 배우가 될 수 있다. 그 인물은 작가가 고안한 자로 극이 지향하는 의미의 담지자(膽智者)이며, 학위를 취득하려고 대단한 공부를 하지는 않았겠지만 그보다 더 지성적일 수 있는데, 바로 '인물에 대해 해석하는 자'라는 조건에서이다. 그는 설명해야 할 대상이 아니라 살아있는 인간 형태로 나타난다. 그러니 설명적인 대상으로서 지닐 만한 의미들을 찾는 것은 물론 (이는 학자들이 하는 일일 것이다), 그것을 살아있는 몸과 영혼으로 발견하고 창출해내야 하는 일이 연기 아닌가? 따라서 이 경우, 배우는 살아 움직이는 구체 안에서 가치와 의미를 읽어내고 더구나 자기 몸과 영혼으로 그를 표현해내는 사람이다. 뒤에 나오지만 작가로서 셰익스피어의 정신을 수용하는 한편, 무대라는 현장성이 요구하는 당대의 의미까지 넣어 작가가 그린 것을 충실하고도 효과적으로 옮김은 물론 살아 있는 현상에서 작가가 할 수 없던 것까지 드러내는 자가 되는 것이다.

111

은 평생을 걸쳐 익힐 수 있지만, 배우가 신체적으로 역할을 창
조하려면 겨우 며칠밖에 없기 때문이죠.

C 정신은 어떤가요?

I 무대에서 역할에 필요한 인물의 정신 구축은 대체로 리듬에
대한 문제입니다. 생각의 리듬이라고 해야겠네요. 그것은 당
신의 인물에 관계된다기보다는 인물의 작가, 그 연극의 작가
와 관계가 있습니다.

C 오필리어는 생각하면 안 된다는 말인가요?

I 그렇게 무례하게 말하고 싶지는 않지만, 셰익스피어가 그녀를
위해 고심하기는 했다고 말하고 싶네요. 그대가 오필리어를
연기하면서 유념해야 하는 것은 인물에 녹아 있는 셰익스피어
의 정신입니다. 그런 점에서는 셰익스피어가 창조한 어떤 인물
을 연기할 때도 마찬가지이겠죠. 이건 고유한 정신을 가진 작
가라면 누구에게나 적용됩니다.

C 거기까지는 생각하지 못했네요. 저는 늘 인물이 이렇게 생각
할 거라고 제가 상상하는 방식대로 생각했어요.

I 배우들이 흔히 저지르는 실수죠. 더 잘 아는 사람들, 천재들만
빼고요. 작가의 가장 강력한 무기는 작가의 정신입니다. 정신

의 특질, 속도, 기민함, 깊이, 탁월함. 그 모든 게 중요합니다. 작가가 캘리밴†의 대사를 쓰고 있는지, 잔 다르크‡의 대사를 쓰고 있는지, 아니면 오스왈드‡†의 대사를 쓰고 있는지는 상관없습니다. 훌륭한 작가가 창조한 바보는 창조자의 정신보다 어리석지 않고, 예언자는 그를 창조한 사람보다 현명하지 못합니다. 「로미오와 줄리엣」에 등장하는 이런 대목 기억나요? 캐퓰릿 부인이 줄리엣에 대해 "그 아이는 아직 열네 살이 되지 않았어요."라고 말하죠. 그러고 나서 몇 페이지 후에 줄리엣이 말합니다.

"제 마음은 바다처럼 한이 없고, 제 사랑도 바다처럼 깊어요.
그러니 당신께 드리고 또 드려도, 제게는 넘치지요.
둘 다 무한하니까요."

마음과 사랑이 한없이 넓고 깊다니, 공자나 그렇게 말할 수 있죠. 아니면 부처나 성 프란시스코이거나요. 줄리엣을 열네 살짜리 아이의 정신으로 연기하려 하면 길을 잘못 든 거예요. 줄리엣이 더 나이 들어 보이게 연기해도, 셰익스피어가 고안한 연극적인 구상을 망치게 될 테고요. 이탈리아 여성은 빨리 자란다거나, 이탈리아 르네상스 문화의 지혜가 깃들었다는 식으

---

† 셰익스피어 작, 「템페스트」에 등장 하는 반인반수의 노예.

‡ 셰익스피어 작, 「헨리 6세」에 등장 하는 인물.

‡† 셰익스피어 작, 「리어왕」에 등장하 는 궁전 하인.

로 설명하려 하면, 배우는 고고학과 역사에 얽혀 영감을 잃을
거예요. 그저 작가인 셰익스피어의 정신에 따라 작중 인물을
파악하고 따르면 됩니다.

C 작가의 정신은 어떤 특질을 가지나요?

I 번개 같은 속도로 움직입니다. 고도로 집중하며, 권위적이고,
심지어 의심하는 순간에도 그렇습니다. 또 자연 발생적이라,
항상 첫 번째 생각이 곧 마지막 생각이 됩니다. 그리고 직설적
이고 노골적이죠. 여기서, 오해하지는 말아요. 나는 지금 셰익
스피어의 정신을 묘사하거나 설명하는 게 아니에요. 어떤 말로
도 셰익스피어의 정신을 묘사할 수 없죠. 내 말은 그대가 연기
하는 인물이 그 누구라도 그 정신은, 그러니까 그대의 정신이
아니라 그 인물의 정신을 표현하려면 분명 그런 특질이 있어
야만 한다는 겁니다. 셰익스피어처럼 생각할 필요는 없지만,
밖으로 드러나는 특질은 셰익스피어의 것이어야만 해요. 그것
은 곡예사를 연기하는 것과 같아요. 물구나무를 설 줄 알아야
할 필요는 없지만, 몸의 움직임 전부가 공중제비를 돌고 싶을
때면 언제든지 돌 수 있다는 생각을 전달해야 합니다.

C 제가 아일랜드 극작가인 버나드 쇼의 작품을 연기하더라도 똑
같이 말씀하실 거예요?

I 버나드 쇼라면 더욱 그렇죠. 쇼가 만들어 낸 소작농과 점원,

소녀는 학자처럼 생각해요. 성자나 왕, 주교는 미치광이나 괴물처럼 생각하죠. 당신이 쇼가 만든 인물을 연기할 때, 인물의 정신이 그들 방식대로 구현되어 끊임없이 공격하고 방어하고, 옳고 그름에 대해 계속해서 논쟁을 유발하지 않는다면 그건 실패한 연기가 될 겁니다.

C 이를테면 아일랜드인의 정신 같은 거죠.

I 바로 그거예요. 나보다 훨씬 좋은 예를 들어주었어요.

C 그러면 역할에 실제로 어떻게 적용하죠?

I 앞에서 말한 것처럼, 대부분 작가가 쓴 대사를 전달하는 리듬이나 에너지를 조직하는 문제예요. 인물을 연구하고 상당 시간 동안 리허설한 뒤에는, 작가가 하는 생각의 움직임을 알아야 합니다. 그렇게 되면 인물이 당신에게 영향을 미칠 거고, 당신은 인물처럼 될 것입니다. 달리 말해, 인물의 리듬이 당신의 리듬을 감응시킬 거예요. 작가를 이해하도록 하세요. 그대가 받은 훈련과 그대의 본성에 따르면 나머지는 해결될 테니까요.

C 인물의 감정에도 똑같이 성격 구축의 법칙을 적용할 수 있을까요?

I 아니, 아닙니다. 인물의 감정은 작가가 배우의 요구에 주의를

기울이고, 배우가 내린 해석에 맞춰 글을 조정해야 하는 유일한 영역이에요. 또는, 배우가 자신이 맡은 역할에서 감정의 개요를 파악하는 데 최고의 결과를 위해 작가의 글을 조정하는 일은 정당합니다.

C 그렇게 된다면 모든 작가가 선생님을 죽이려고 들지도 모르겠네요.

I 현명한 작가라면 그렇게 하지 않겠죠. 감정은 역할 속에 있는 신의 숨결입니다. 작가가 창조한 인물은 감정을 통해 활기차게 살아납니다. 현명한 작가는 연극의 주제와 목적을 망치지 않고, 극장에서 이 부분을 가능한 한 조화롭게 만들기 위해 무엇이든 합니다. 길버트 에머리는 자신의 연극「오점」에 앤 하딩과 탐 파워스가 등장하는 중요한 장면이 있었는데, 그 부분에서 두 페이지 반을 지워버렸다고 하죠. 앤 하딩이 파워스가 하는 대사에 맞춰 일일이 대답하는 것보다 그저 묵묵히 듣는 쪽이 훨씬 더 작가 자신과 관객에게 감동을 줄 수 있었기 때문입니다. 길버트 에머리는 배우의 감정과 자기 글 사이에서 현명한 선택을 내렸어요. 또 클레먼스 데인은「화강암」무대 공연에서 불필요한 단어는 모두 삭제하도록 나에게 허락해주었죠. 그러니 작가들이 날 죽이진 않을 겁니다. 작가들은 당신과 나, 그리고 우리 모두가 좋은 작품을 만들기 위해 극장에서 일한다는 것을 잘 알고 있어요.

C 네. 하지만 감정은 신체와 정신만큼이나 분명하게 성격을 구축해야 할 텐데요. 적절한 방법이 있을까요?

I 당신이 오필리어와 같이 맡은 역할에서 일반적인 인간의 감정을 터득했을 때, 언제 왜 분노가 차오르는지 알 때, 애원과 슬픔, 기쁨, 절망 등 상황에 필요한 그 어떤 감정이 언제, 왜 오는지 알 때, 그래서 그대에게 모든 것이 분명해질 때, 하나의 기본 자질을 추구하면 됩니다. 이 기본 자질은 바로 감정을 표현하는 자유입니다. 절대적이고 무한한 자유를 찾으세요. 그 자유는 당면한 감정의 인물을 구축할 것입니다. 그대가 맡은 역할에서 내적 구조가 잘 준비되고 구축되었을 때, 그대가 외적인 모양새를 완전히 익혔을 때, 그대가 맡은 인물의 생각을 나타낸 표현이 작가의 사고방식과 완벽하게 일치할 때, 리허설 도중에 감정이 솟아오르고 타오르는 과정에서 언제 어디서 어려움을 겪는지 확인해봐요. 그 이유를 찾아봐요. 어려움의 원인은 곳곳에 있을 겁니다. 기초가 튼튼하지 않을 수도 있고, 당신이 행동을 이해하지 못할 수도 있어요. 육체적으로 불편할 수도 있고, 대사의 질이나 양이 당신을 혼란스럽게 할 수도 있죠. 움직임이 당신을 산만하게 할 수도 있고, 당신에게 표현수단이 부족할 수도 있어요. 스스로 그 이유를 찾아 없애요. 오필리어에서 가장 불편함을 느끼는 장면이 어디죠?

C 3막, 제가 보여드린 장면이요.

117

I 좋아요. 3막에서 당신은 무슨 동작을 하나요?

C 모욕을 당해요.

I 틀렸어요. 그건 바로 그대의 손엄성을 지키는 것이에요. 자, 오
필리어는 조신의 딸이에요. 왕실의 왕자가 공개적으로 오필리
어에게 부적절한 발언을 합니다. 그는 그녀 삶의 주인입니다.
그녀가 그를 사랑하기 때문에 더더욱 그렇죠. 그는 무엇이든
마음대로 할 수 있어요. 그러나 그녀가 죽어서 그가 기쁘더라
도, 그녀는 자신의 상태에 맞는 존엄성을 가지고 죽을 것입니
다. 당신의 주된 자세는 허물어지는 것도, 나약함을 드러내는
것도, 자신의 내밀한 감정을 공개적으로 드러내는 것도 아닙
니다. 잊지 말아요. 온 궁중 사람이 오필리어를 지켜보고 있어
요. 이제 그 모든 것을 당신의 태도로 만들어요. 그대 안에서
쉽게 찾을 수 있겠어요?

C 네.

I 나머지는 괜찮아요? 지금 자리는 편안해요? 대사가 쉽게 머리
에 떠오르나요? 셰익스피어다운 대담성이라고 생각할 만큼
활기찬가요?

C 그럼요, 물론이죠. 할 수 있어요. 보여드릴게요.

"아가씨, 그대 무릎 사이에 누워도 될까요?"

갑자기 뒤에서 목소리가 들린다. 늙고 떨리지만 능숙하고 풍부한 목소리다. 소리 자체로는 단호하지 않지만, 묘한 단호함을 풍긴다.

나는 돌아본다. 「햄릿」 3막 2장에서 오필리어와 대사를 주고 받는 햄릿, 아니 나이든 경비원이 우리 뒤에 서 있다.

C (얼어붙은 바다처럼 강인함을 내비치며 침착하게) **안 됩니다, 왕자님.**

G (기대감에 차서 긴장하고 있지만, 사랑하는 사람을 향한 슬픔과 연민의 흔적이 느껴지는 목소리로) **아니, 무릎을 베자는 말이오.**

C (당신은 나의 주인이죠. 당신은 그럴 권리를 가지고 있어요.) **네, 왕자님.**

G (목소리 너머에 고통이 존재한다. 그는 미친 척해야 한다. 그는 다른 사람들을 속이기 위해 상처 주고 싶지 않은 사람을 아프게 해야 한다.) **내가 천한 짓이라도 하려는 줄 알았소?**

C (존엄의 절정. 죽어야 한다면, 아무 생각도 하지 않겠습니다, 왕자님.) **아무 생각도 하지 않았습니다, 왕자님.**

대사가 몇 번 더 오간 뒤 장면이 끝난다. 다급하고, 절박하며, 굉장하다. 나는 마음속으로 외친다. 바로 이거야! 그녀는 자리에서 벌떡 일어나 통로를 따라 빙빙 돌며 혼잣말을 내뱉는다.

C 오, 내가 해냈어! 해냈다고! 아주 간단하네. 그 어느 때보다도 쉬웠어. 그냥 별것 아니잖아?

G (그녀를 바라보며) 알고 보면 별일 아니죠, 아가씨.

C 오, 아저씨, 정말 잘하셨어요. 어떻게 큐를 다 알고 있어요?

G 저는 지난 40년 동안 그 모든 위대한 연기자와 함께 연기했어요. 훌륭한 연극들에서 저는 모든 역할을 맡았죠. 역할을 전부 공부했고, 열심히 연기했어요. 다만 내 자신을 완벽히 만들거나, 이 신사분이 그대에게 말한 모든 내용에 대해 생각해본 적은 없었죠. 이제, 생각해보고, 지나간 세월 속으로 다시 빠져들어 보니, 내 모든 실수와 그 이유, 또 바로잡는 방법을 알게 되었어요. 그러나 이 방법을 적용할 일도, 적용할 곳은 어디에도 없었어요. 그래서 그동안 저는 문을 닫아두는 데 최선을 다할 뿐이었죠. 그리고 젊은 배우들이 고군분투하는 모습을 보고 들을 때면 늘 생각했어요. 아……. 만약 '젊음'이 알고 '늙음'이 행할 수 있다면, 이 얼마나 멋진 세상이 될 것인가……. 어쨌든 선생님, 당신의 말씀을 잘 들었습니다. 모든 게 사실입니다. 정말입니다.

C (나를 쳐다보며) 영광입니다, 선생님.

G 이제 용서를 구할 때가 왔습니다, 선생님. 발걸음을 떼어주셔야 할 것 같습니다. 리허설 시간이 되었어요. (그는 늙고 주름진 얼굴에 은밀하고 몽환적인 미소를 지으며「햄릿」2막 2장에 나오는 폴로니어스의 대사를 마지막으로 읊는다.)

배우들이 지금 막 여기에 왔습니다, 왕자님. 세계 최고의 배우들이죠…….

다섯 번째 수업: 관찰

The Fifth Lesson: Observation

등장인물

I 나(The Teacher, Richard Boleslawski)
C 그녀(The Creature)
M 메리 이모(Aunt Mary)

우리는 차를 마시고 있다. 나는 뛰어난 극작가이자 연출가인 벨라스코 씨와 개인적인 친분이 있다던 그녀의 이모와 함께 있다. 우리는 곧 도착할 그녀를 기다리고 있다. 차 맛이 일품이다.

M 선생님께서 제 조카에게 관심을 가져주시다니 정말 고마운 일이에요. 그 애는 연극에 푹 빠져 있거든요. 이제 성공해서 특히 더 그래요. 게다가 고정적인 급여까지 받는다니, 상상이나 했겠어요? 저는 연극에서 그런 일이 가능하리라고는 생각해본 적이 없어요.

I 수요와 공급의 법칙일 뿐입니다.

M 솔직히 말해서, 그 애가 지금 선생님한테 뭘 원하는지 모르겠어요. 제 조카는 소위 '전문가'예요. 좋은 비평도 받았고, 좋은 역할도 맡았죠. 조카가 또 무엇을 물어볼 수 있을까요? 선생님과 가끔 함께하는 시간이 조카도 분명 즐겁겠죠. 조카와 저는 둘 다 연극과 그 분야에 있는 분들을 존경하니까요.
　　작고하신 벨라스코 씨는 정말 매력적인 분이었죠. 언젠가 제가 그의 작품에 출현할까 고려했을 때, 그가 제게 말했어요. "부인, 당신은 개막일 공연에 필요한 분입니다. 당신이 개막일 밤에 참석해서 일등석에 앉아 있는 일은 제 배우들이 모두 최고의 연기를 펼치는 일 못지않게 연극이 성공하는 데에 필수적입니다."라고요. 정말 재미있는 말이죠? 그는 천재였어요. 성공한 연극마다 개막일 공연에 늘 제가 참석했다는 사실을 아시나요?

I 부인, 정말 친절하시군요.

M 천만에요. 저는 모든 일을 도맡아 하고 있어요……. (그녀가 노래를 부르듯 말한다. 차는 참을 수 없을 정도로 뜨겁다.) 연기예술이 얼마나 아~름~다~운~지~ 이야기해야만 하니까요. 셰익스피어……. 노엘 카워드……. 그리고 대단한 배우로 등장한 알렉산더 울코트까지.

I 알렉산더는 공부를 열심히 했죠, 부인.

M 의심할 여지 없이 그렇죠. 게다가 올바른 방법으로 공부했어요. 울코트는 몇 년 동안 배우들을 지켜보았어요. 그리고 그들의 비법을 기억했죠. 그러고는 역할을 맡아 연기하기 시작했어요. 이제 그가 최선을 다해 매일 연기하고 또 연기한다면, 그는 훌륭한 배우가 될 거예요. (목이 타들어간다. 나는 어떤 이유에서인지 점점 더 뜨거워지는 차를 벌컥벌컥 마신다. 한 잔 더 부탁하려던 차에, 그녀가 들어온다. 그녀는 멈춰서 우리를 훑어본다. 그녀의 표정에는 의심이 깃들어 있다.)

C 두 분이 무슨 얘기를 했는지 물어봐도 될까요?

M 연극에 대해서 말했어, 얘야. (다시 노래를 부르며, 눈을 굴린다.) 아~름~다~운~ 연극에 대해서.

C (약간 빈정대듯 웃으며) 선생님도 동의했으면 좋겠네요.

I 우리 의견이 갈라지려 하는데, 당신이 들어왔어요. 당신 이모님이 방금 이렇게 말했어요. 배우가 되기 위해 필요한 일은 연기하고, 연기하고, 또 연기하는 일이라고요. 제가 제대로 들었나요?

M 저는 제가 옳다고 생각해요. 조카가 말해준 모든 이론과 강의, 심리 분석, 그리고 정신을 헷갈리게 하는 연습을 믿지 않아요. 제 말을 양해해주실 거라고 믿습니다. 저는 솔직한 사람이에요. 그리고 연극을 매우 좋아합니다. 그러나 제 지론은 이렇습니다. 배우가 되려면 연기를 해야 한다. 그러니 할 수 있는 한 모든 연기를 해라. 그게 돈이 되는 한에서. 돈이 되지 않는다면, 연기를 멈춰라. 그게 다예요. 여기 이 아이처럼 재능이 있다면 ……

C 이모…….

M 괜찮아, 얘야. 재능은 다른 것과 마찬가지로 홍보가 필요하단

다. 재능이 있으면 오랫동안 보수를 받을 거야.

I 부인, 재능에 힘을 실어주셔서 기쁩니다. 그런데 하나 물어봐도 될까요? 재능은 육성해야 하고, 또 육성하면서 재능이 있는지를 발견할 수 있다고 생각하지 않으십니까?

C (내 속마음을 알아차린 듯) 이모, 야생 사과와 재배 사과 같은 거예요. 둘 다 사과지만, 하나는 푸르고, 딱딱하고, 시지만, 다른 하나는 붉고, 부드럽고, 달콤하며, 향기롭죠.

M 애야, 시적 비교를 하면서 논쟁하는 것은 부당하잖아. 사과는 다른 얘기지…….

I (재빠르게 이어가며) 그리고 재능은 또 다른 얘기지요. 부인 말이 맞습니다. 비교하지 말죠. 그냥 기분 좋게 차를 마시자고요. 한 잔 더 부탁해도 될까요? (나는 향긋한 차를 한 잔 가득 받고 나서 말을 이어간다.) 부인, 혹시 독일 유치원에서 많이 즐기는 새로운 게임에 대해 들어본 적 있으십니까? 주의 집중 놀이Achtungspiele라는 게임인데요.

M 아뇨, 그게 뭐죠?

I 아주 간단한 게임이에요. 교사는 아이들에게 자기가 한 활동을 단편적으로 반복하게 해요. 아이들은 오늘과 어제, 며칠 전

에 했던 일들을 반복하죠. 학생의 기억력을 계발하고, 행동을 분석하고, 관찰력을 예리하게 하는 데 목적을 둡니다. 때로는 아이가 스스로 선택할 수 있게 해요. 그다음에는 아이의 관심이 어느 방향으로 가는지에 대해 교사가 결론을 내리고, 그 상태를 발전시키거나 아니면 학부모와 다른 교사에게 주의하라고 일러줍니다. 예를 들어, 아이가 새 둥지를 파괴해도 아이는 벌을 받지 않고, 관심을 다른 영역으로 옮기도록 교육합니다.

M (얼음처럼 차갑게) 매우 흥미롭군요.

I 아, 이 교육은 아이들보다 어른들한테 시험했을 때 두 배나 흥미롭지요. 우리 어른들이 놀라운 자연의 선물인 관찰 능력을 거의 조금도 사용하지 않는다는 점을 보여주기 때문이에요. 지난 24시간 동안 어떻게 행동했는지 기억할 수 있는 사람은 거의 없다는 사실을 믿으시겠어요?

M 믿기 힘들군요. 저는 선생님에게 지난 24년 동안 무엇을 했는지 정확히 말해줄 수 있어요.

I 오, 그래요. 분명 부인은 말할 수 있을 겁니다. 그런데 그 게임의 규칙은 말하지 않는 거예요. 조용히 연기하고, 재연하는 거죠. 침묵은 집중을 돕고, 숨겨진 감정을 이끌어냅니다.

M 물론 마음만 먹으면 조용히 재연할 수도 있어요. 제가 그것을

하고 싶은지는 잘 모르겠지만요. 저는 거짓 없이 솔직한 사람이랍니다.

I 아이들 게임일 뿐인데요. 한번 직접 해보시겠습니까?

M 아, 뭐든지 해볼게요.

I 훌륭하십니다. 우리 모두 해볼 겁니다. 쉬운 일부터 시작해보죠. 예를 들어 제가 조금 전에 부인에게서 향긋한 차 한 잔을 받았는데, 차 대접하는 과정을 재연해주시겠어요?

M 말도 안 돼요. (그녀는 호탕하게 웃는다.) 아주 깜찍한 생각이네요. 제가 정말 유치원 시절로 돌아가길 바라는군요.

I 전혀요, 부인. 그냥 게임일 뿐이에요. 다음에는 저나 재능 있는 부인의 조카가 해볼 겁니다.

C 오, 이모. 해봐요. 궁금해요.

M 좋아요. 어차피 음울한 오후니까. 이제 저를 지켜보세요. (그녀는 대제사장이나 맥베스의 마녀처럼, 소매를 걷어붙인다.) 여기 잔이 있어요······. (내가 끼어든다.)

I 잊지 마세요. 게임의 규칙은 말하지 않는 거예요.

M 아, 그래. 깜빡했네요. 침묵의 신비라고 했죠. (그녀는 빈정댄
다. 하지만 그녀는 결심했고, 우리에게 보여주려고 한다. 그녀
는 시작한다. 그녀의 앞머리에 주름이 잡힌다. 그녀는 기억을
떠올리고 있다. 그녀는 오른손에 잔을 들고, 왼손으로 찻주전
자를 향해 손을 뻗다가, 자신의 실수를 깨닫고는 솔직하게
"맙소사!"라고 외친다. 잔을 다시 제자리에 놓고, 오른손으로
찻주전자를 들고 허공에서 멈춘다. 나는 차를 조금 마시다가
속삭인다.)

I 아무것도 만지지 마세요. 그냥 동작만 이어 가세요…….

M 정확히 그렇게 하고 있어요.

I 그러면 찻주전자를 내려놓으시겠어요?

M 아, 그래요. (찻주전자를 내려놓고, 양손을 테이블 위에 올려
놓았다가, 갑자기 손을 홱 올려서는 무서운 속도로 잔을 들고
차 한 방울을 따르는 모습을 동작으로 나타낸다. 그러고는 찻
주전자를 테이블 위에 놓지도 않고 각각의 용기에서 나온 크
림과 레몬을 상상으로 첨가한 뒤에, 손잡이를 잡고 잔을 내게
건네준다. 찻잔 받침과 설탕은 잊어버린 게 확실하다. 그녀는
거리낌 없이 소리 높여 웃으며, 자기 이모의 목에 팔을 두르고
여러 번 키스한다. 나는 차를 다 마신다.)

M 그냥 어리석은 짓일 뿐이에요.

I 아닙니다, 부인. 단지 관찰력을 육성하지 않아서 그럴 뿐입니다. 부인 조카가 같은 상황에서 부인이 한 행동을 재연할 수 있도록 허락해주시겠습니까? 그리고 부인도 아시다시피, 제가 이 특정한 상황을 선택한다는 사실은 조카가 예측할 수 없었습니다. 그러니 조카는 준비도 안 된 채로 최선을 다해야 할 것입니다.

C 말로 해도 될까요? 재미있을 것 같아요. 두 분과 함께 연기에 관해 이야기할 수 있다니, 제가 빠질 수 없죠!

I 그래요. 다른 사람의 행동이니까, 당신은 말로 해도 좋아요. 당신 자신의 일이라면, 조용히 그 행동을 재연해야 한다고 나는 주장할 것입니다. 관찰력은 시선과 기억 속에서뿐만 아니라 신체의 모든 부분에서 육성해야 합니다.

C 이모, 선생님이 차 한 잔 달라고 하자, 이모는 선생님에게 미소를 지어 보였어요. 그러고는 차가 더 있는지 확인하려는 듯이 찻주전자를 바라보고, 그러고 나서 저를 바라보며 "이 사람 귀엽지 않니?" 하고 말하듯이 다시 미소를 지었어요.

M (큰 소리로) 안 그랬어!

I 그랬어요, 부인. 저도 기억이 납니다. 그 미소가 부인이 제게 주신 유일한 격려였죠.

C 그러고는 선생님이 이모한테 잔을 건네주기를 기다리는 듯이 다시 선생님을 바라보았어요. 하지만 선생님은 잔을 건네주지 않았죠.

I 죄송합니다.

C 그러고 나서 이모는 넓은 오른쪽 소매를 왼손으로 잡고, 새로운 잔을 집으려고 쟁반으로 손을 뻗었어요. 접시를 받친 채로 그 잔을 가져다가 이모 앞에 놓았죠. 그러고는 여전히 소매를 잡은 채로 찻주전자를 잡았어요. 찻주전자는 꽤 무거웠어요. 그래서 내려놓고는 손잡이를 다시 잘 쥐었어요. 찻주전자를 잔 위로 가져간 다음에, 소매를 놓고, 그 손으로 차망을 잡아서 잔 위에 놓았어요. 그러고는 왼손가락으로 찻주전자의 뚜껑을 누르고 차를 따르기 시작했죠. 뚜껑이 뜨거웠어요. 그래서 이모는 손가락을 차례로 바꿨어요. 찻잔이 4분의 3가량 찼을 때, 찻주전자를 이모 가까이에 내려놓고 다시 미소를 지었어요. 이번에는 특별히 누구를 향한 미소는 아니었어요. 그러고는 오른손으로 크림을 붓고. 왼쪽으로 집게를 잡아 설탕 두 덩어리를 떨어뜨렸어요. 이모는 잔을 선생님에게 건네주고, 레몬을 올려놓은 접시에 집게를 내려놓았죠. 지금 집게가 바로 거기에 있는 모습을 볼 수 있어요.

M (기분이 단단히 상해서) 사람들은 네가 극장에 있었다고 생각하겠지만, 그 시간에 나를 연구한 게 틀림없어.

I 아니, 제발 화내지 마세요. 제가 장담하는데, 사전에 계획된 것은 없었어요. (나는 그녀 쪽을 바라본다.) 이모가 크림을 바로 찾을 수 없어서 아주 잠깐이지만 식탁 여기저기를 훑어 본 동작은 잊고 언급하지 않았어요.

C 맞아요. 그리고 선생님은 그 시간 내내 냅킨을 가지고 놀고 있었죠.

M (마음껏 웃는다. 그녀는 역시 좋은 사람이다.) 아하! 선생님도 감시를 피하지 못했군요.

I 부인, 피한다는 생각은 하지도 않았어요. 부인 조카가 관찰력을 발휘하는 걸 열심히 봤을 뿐이에요.

M 선생님은 제 조카가 장난치는 모습을 보려고 그 유치한 게임을 조카에게 가르쳤군요.

I 부인, 저는 부인 조카에게 아무것도 가르치지 않았어요. 우리 둘 다 극장에서 일합니다. 그리고 극장은 교육과 설교가 절대적으로 배제되는 곳이지요. 연습이 중요한 것이고, 오직 연습만이 중요합니다.

M 제가 하는 말이 바로 그거죠. 연기하라! 연기하라! 그러면 배우가 될 것이다.

I 아닙니다, 부인. 연기는 긴 절차의 최종 결과입니다. 결과에 앞서고 이 결과로 이어지는 과정을 모두 연습해야 합니다. 연기할 때는 이미 늦죠.

M (냉담하게) 그러면 관찰력이 연기와 무슨 관계가 있는지 물어봐도 될까요?

I 밀접한 관계가 있죠. 관찰력은 연극을 공부하는 사람에게 일상생활에서 일상적이지 않고 특이한 것을 모조리 알아차리게 해줍니다. 그리고 인간 정신을 가시적으로 나타내는 발현으로 기억과 기억 공간을 구축합니다. 관찰력은 진실과 거짓에 민감하도록 만듭니다. 관찰력은 감각 기억과 근육 기억을 발달시키고, 역할에서 해야 하는 동작†에 쉽게 적응하도록 합니다. 관찰력은 사람과 예술 작품에서 각기 다른 개성과 가치를 알아보도록 눈을 최대한 열어줍니다. 부인, 마지막으로 관찰력은 외적 삶에서 만나는 모든 것을 완전하고 광범위하게 소비하게 해서 내적 삶을 풍요롭게 합니다.

관찰력은 바나나 한 개와 쌀 한 줌이 힌두교 요가 신봉자

---

† 극적 행동에서 나오는 동작이 아닌,
전화를 받거나 문을 여는 등의 일상
적인 동작을 말한다.

에게 하루 음식으로 미치는 효과와도 같습니다. 소량의 음식을 제대로 소비해서, 아주 적은 양의 비타민으로부터 최대한으로 에너지를 끌어내면, 힌두교인은 무한한 에너지와 영적인 힘, 생명력을 얻습니다. 이는 먼 이야기가 아닙니다. 우리도 같은 방식으로 삶을 실아가죠. 우리는 두 눈으로 모든 것을 본다고 생각하지만, 아무것도 흡수하지 못합니다. 삶을 되살려야 하는 연극에서, 우리는 우리가 일하며 다루는 자료를 주시할 의무가 있습니다.

M 그래서 조카에게 이모가 어떻게 차를 따르는지 주시하라고 하고는, 둘이서 저를 놀리는군요. (순간, 부인의 눈이 반짝인다. 부인은 꽉 막힌 사람이 아닌 듯하다.)

C 오, 이모, 전혀 아니에요. 선생님은 그냥 농담한 거예요.

M 나도 농담은 안다. 선생님은 정말 진지하지. 나도 마찬가지고.

I 아니죠, 부인은 즐기고 있습니다. 그렇지 않으면 계속하라는 권유를 부인 눈에서 읽어내지 못했을 겁니다. 그래서 감사하게 생각합니다. 저는 부인을 가르칠 수 없지만, 부인을 즐겁게 하려고 노력할 것입니다. 나머지는 부인의 관찰력이 맡아서 하겠죠.

M (우아하게) 차 한 잔 더 마시고 싶으면, 직접 따라 드세요.

I 감사합니다. (내가 차를 따르고, 부인은 나를 매처럼 지켜본다. 나는 차를 다 따른 다음에 말한다.) 부인, 부인께서 처음으로 저를 제대로 주목했다는 사실을 깨달았어요. 그 점을 활용하겠습니다. 부인은 연극을 매우 좋아합니다. 우리는, 즉 부인 조카와 저는 연극에서, 또 극장에서 일합니다. 부인은 개막일 공연에 갈 때, 쇼핑하러 가서 가장 알맞은 옷을 고릅니다. 우리는 생활하면서 낮에 쇼핑하며, 극장에서 보내는 매일 밤을 위해 가장 알맞은 옷을 고릅니다. 우리에게는 극장에서 보내는 매일 밤이 개막일 밤입니다. 그래서 우리는 최선의 상태에 있어야만 합니다. 관찰력이 둔하고 활발치 못한 배우는 갈라 행사 때 낡아빠진 옷을 입고 등장할 것입니다. 대체로 영감은 힘든 노력의 결과라고 저는 생각하지만, 배우에게 영감을 줄 수 있는 유일한 것은 매일매일 꾸준하고 예리하게 관찰하는 일일 것입니다.

M 위대한 배우는 지인과 친척, 행인들을 모두 염탐하며 인생을 살아간다는 말인가요?

I 유감스럽지만 그렇습니다, 부인. 게다가 자기 자신도 염탐하지요.

C 그렇지 않으면, 우리가 무엇을 할 수 있고 무엇을 할 수 없는지 어떻게 알겠어요?

M 우리는 훌륭한 배우에 대해 이야기하고 있단다, 얘야.

C 오! 보잘것없는 제가 한 방 먹었네요. (그녀는 익살맞게 입을 삐죽거린다.) 이모, 이제 제 자랑은 그만하실 거죠?

M 넌 버릇없는 녀석이야.

I 부인 조카는 놀라운 존재예요. 제가 부인 조카를 조금만 자랑 해볼게요. 길게 하지 않을 겁니다. 우리가 일을 해나가면서 어 떻게 관찰력을 발전시키고, 또 어떻게 중요한 관찰을 했는지 에 대해서만 말할게요. 부인 조카가 「난로 위의 귀뚜라미」†에 서 눈먼 여자 역을 맡은 적이 있어요. 리허설을 잘 해냈지만, 아무도 눈이 멀었다고는 믿지 않았죠! 조카가 제게 왔고, 우리 는 시각 장애인을 찾으러 밖으로 나갔어요. 바워리 가에서 눈 이 보이지 않는 거지 한 사람을 찾았지요. 그는 모퉁이에 앉아 있었어요. 4시간 동안 움직이지 않았죠. 우리는 그가 일어나기 를 기다렸어요. 그가 걸어가며 길을 찾는 모습을 보고 싶었죠.

하지만 그에게 일어나라고 할 수는 없었어요. 그가 스스로 를 의식해서 행동할 테니까요. 예술을 위해서 우리는 굶주림, 폐렴, 시간 손실을 감수했어요. 마침내 그는 일어나서 집으로

† 「난로 위의 귀뚜라미(The Cricket on the Hearth)」, 1845년 출판된 찰 스 디킨스의 동명 소설이 있으며, 여 기서는 연극 버전을 말한다.

향했습니다. 우리는 그를 따라갔는데, 한 시간이 더 걸렸죠. 원하든 원하지 않았든 그가 우리에게 어떻게든 도움을 준 대가로 그에게 1달러를 주었고, 우리에게는 풍부한 경험이 생겼어요. 그러나 1달러는 계산에 넣지 않더라도, 그 대가는 너무 컸어요. 연극에서는 거지를 기다리며 네 시간을 보낼 수 없잖아요. 모든 비상사태에 대한 경험을 항상 수집하고 저장해야 합니다. 바닥에서부터 시작해야 하니까요. 그래서…….

C 그래서, 이모. 제가 계획을 세웠고 선생님은 그 계획을 허락했어요.

I 바로 그랬죠. 어서 말해요. 이제 당신이 말할 차례예요.

C 저는 석 달 동안 매일 열두 시에서 한 시까지, 내가 어디에 있든지, 무엇을 하고 있든지 간에 제 주변의 모든 것, 모든 사람을 관찰하기로 결심했어요. 그리고 한 시에서 두 시까지, 점심 시간 동안 전날 관찰했던 것들을 떠올리기로 했어요. 또 제가 혼자 있게 되면, 독일 아이들처럼 자신의 과거 행동을 재연하기로 했죠.

　하지만 이젠 가끔 뿐이에요. 더는 그렇게 하지 않아요. 석 달 만에 저는 수많은 황금을 가진 크로이소스 왕처럼 풍부한 경험을 쌓았어요. 처음에는 경험을 간단히 적어두려고 했지만, 지금은 그럴 필요조차 없죠. 모든 것이 자동으로 뇌 어딘가에 입력되고, 상기하고, 재연하는 연습을 통해서 이전보다 머리가 열 배나 더 영민해졌어요. 그리고 삶은 훨씬 더 풍성해졌어요. 아마 이모는 이 느낌을 모를 거예요.

M 얘야, 아무래도 넌 직업을 바꿔야겠어. 탐정이 어울리겠구나.

I 부인, 제작하는 연극과 연기하는 역할 하나하나가 다 숨겨진 가치와 보물을 발견하는 일이 아니던가요? 미덕과 악덕을 공개하고, 격정을 통제하며, 무대에서 네 번째 벽이 사라지고 전장戰場이 드러났다거나, 혹은 '불쌍한 요릭'†의 무덤이 파헤쳐졌다거나요.

M 이런, 이런, 이런. (미심쩍은 표정으로) 그래도, 어쩐지, 저에게는 현실처럼 들리지 않는군요. 아주 이론적이에요. 책에서 나오는 소리 같아요. 제 생각에는 그 문제에 관해 연극과 모든 예술의 방식은 자연적이어야 합니다. 우리는 인생에서 그런 일을 하지 않아요.

I 죄송하지만, 그 이야기는 이쯤에서 그만할까요? 부인 조카가 말해줬는데, 부인 여동생이 방금 외국에서 돌아왔다고 하더군요. 부두에서 동생을 만났을 때, 동생이 제대로 휴식을 취한 듯 건강해보였나요?

† 「햄릿」 5막 1장에 나오는 해골의 본래 주인으로, 생전엔 궁전의 어릿광대이자 햄릿의 어릴 적 친구였다.

M 네, 맞아요. 고맙습니다. 동생은 잘 쉬었지만, 외모는 참! 걔 때문에 제가 창피해 죽을 뻔했어요! 동생은 뉴욕에서 옷 못 입은 사람 중에서 최고였어요. 상상이 되나요? 동생은 베이지색 큼지막한 외제니 모자eugénie hat‡를 쓰고 있었어요. 거기에 칙칙한 연보라 깃털 장식이 달려 있었고, 좁은 자주색 새틴 리본은 은빛으로 얼룩져 있었으며, 심지어 작은 은색 백철광 고리가 옆에 붙어 있었죠. 그리고 체크무늬 벨벳으로 된 여행복을 입고 있었어요. 작은 체크무늬였는데, 처음에는 갈색 줄, 다음에는 회색 줄, 다음에는 자주색 줄, 그리고 칙칙한 모카색 바탕에…….

I (말을 끊고 끼어들며) 부인, 방금 부인이 한 말이 실제 생활에서 사용하는 관찰력이에요! 아주 자연스럽게 육성하고 사용하는 관찰이죠. 우리는 연극에서 이렇게 관찰합니다. 관찰력 범위를 가능한 넓게 만들려고 해요. 우리는 모든 것을, 그리고 모든 사람을 대상으로 관찰합니다. 유일한 차이점이 있다면, 우리는 결코 관찰한 대상에 대해 말하지 않고 그 대상을 연기한다는 것이죠.

---

‡ 외제니 모자(eugenie hat)는 얼굴 앞으로 기울여 쓰거나 한쪽 눈 위로 낮게 기울여 쓰는 여성용 모자로, 당시 존경받던 프랑스 황후 외제니 (Eugénie de Montijo)의 이름에서 유래되었다. 깃털 장식 등 다양한 소재로 만들며, 19세기 중반 인기를 얻어 이후로도 여성 복식에 영향을 미쳤다.

그녀의 이모는 조용히 한숨을 쉰 다음, 대화의 주제를 매디슨 스퀘어 가든의 마술 쇼로 바꾼다. 우리는 서로 묵시적으로 동의한 가운데 평화롭게 차를 마신다. 그녀는 말없이 생각에 잠겨 있다.

여섯 번째 수업: 리듬

The Sixth Lesson: Rhythm

등장인물

I 나(The Teacher, Richard Boleslawski)
C 그녀(The Creature)

저녁 7시 40분. 그녀와 나는 엠파이어 스테이트 빌딩 꼭대기에 서 있다.

저 아래로 수많은 건물이 필사적으로 하늘에 이르려는 듯 솟구쳐 있다. 하늘은 멀리 푸른 들판과 진줏빛 바다를 향해 완만하게 펼쳐진다. 들판과 바다는 굳이 하늘에 이르려는 노력은 하지 않는 듯하다. 그녀와 나는 서로 별다른 말을 나누지 않지만, 유쾌한 기분을 만끽하고 있다.

I 풍경이 정말 멋지네요. 고마워요.

C 선생님도 이 아름다운 풍경을 좋아하실 줄 알았어요⋯⋯. (갑자기 재빠른 말투로) 그리고 선생님, 선생님께서도 이 광경에 대해 설명해주실 거라고 믿어요. 어쨌든 저는 스스로에게 설명해야 하겠지요. 제가 감정적으로 '이 모든 것'을 받아들이는 방식으로 선생님도 받아들인다면 말이에요.

I 내가 설명할 수 없다고 하면요? 내가 당신과 감정적으로 다르게 '이 모든 것'을 받아들인다면요?

C 정확히는, 그게 제가 바라는 일이에요.

I 왜 그런지 물어봐도 되겠어요?

C 물론이죠. 먼저, 선생님이 어떤 상황을 설명할 수 없다면, 선생님은 저를 의지하고 계신 거예요. 제가 의견을 개진하거나, 증거를 찾아보거나, 아니면 문제를 명료하게 정리하길 원하시겠죠. 이를테면, 저는 선생님 교육의 '증거물 A', 아니 선생님의 '제자 1호'입니다. 그래서 저는 제가 중요한 사람처럼 느껴지고 현명하게 느껴집니다. 팬레터를 받는 일처럼 놀랍죠. 제가 선생님을 도울 수 있을 것 같아요. 늘 그렇듯 이번에도 말이죠. (그녀의 시선에서 자부심이 느껴진다. 나를 향한 감사의 마음도 충분히 와닿는다. 비록 젊은이다운 도도함 뒤에 숨겨져 있긴 하지만 말이다.)

둘째, 선생님이 저와 다르게 느낀다면 우리는 논쟁을 시작하겠죠. 아무래도 선생님은 제가 주장하는 논점을 통해 의견을 강화하는 듯해요. 사실 제 의견이 없다면, 선생님이 어떻게 저를 일깨울지 상상이 가지 않아요! (오늘따라 그녀가 긍정적으로 대항하는 것으로 미루어 짐작해보면, 그녀는 지금 즐거운 게 틀림없다.)

I 그렇다면 아마도 다른 의견을 지어냈겠죠.

C 그건 아주 어렵고 위험한 방법이에요. 선생님이 적절한 의견을 지어낼 수 없을지도 모르고, 설사 지어냈다고 해도 그 의견은 현실적이지 않거나 저에게 설득력이 없을 수도 있어요. 자신의

의견에 편견을 가지는 존재는 오직 인간뿐이에요.

I 우리에게 불리한 의견에 편견이 있는 존재도 오직 인간뿐이죠.

C 맞아요. 하지만 그런 종류의 편견은 자신의 힘과 신념에 대한 동기부여가 되기도 하죠. 그렇지 않나요?

I 그렇죠, 인생에서는요. 솔직하게 말하면 예술에서, 특히 연극에서 그래요.

C 무대에서의 저항과 갈등이 무대 위 삶에서 본질적인 요소이기 때문일까요?

I 바로 그거예요. 「베니스의 상인」 1막에서 안토니오가 제때 돈을 갚고, 기독교로 개종하고, 제시카에게 도움을 요청한다고 가정해봐요. 웃음이 나올 거예요. 과장된 예†라는 건 나도 잘

---

† 「베니스의 상인」에서 안토니오는 샤일록에게 돈을 갚지 못해 죽을 위기에 처하고, 친구 바사니오의 아내인 포샤에게 도움을 받아 위기를 모면한다. 애초에 바사니오가 샤일록에게 돈을 빌리고, 안토니오는 보증을 섰다가 문제가 커진 것이다. 1막에서 안토니오가 돈을 갚는다면 갈등이 없으므로 더 이야기가 펼쳐질 수 없을 것이다. 또한 개종으로 인해 갈등하는 이는 유대인 샤일록이지 안토니오가 아니다. 그리고 제시카는 안토니오와 직접 관계가 없으므로 도움을 청할 이는 안토니오가 아니다. 결국 모두 갈등이 없는 예시를 들어, 갈등이 없으면 삶도 없다는 뜻을 내보이고 있다.

알고 있어요. 여기 적절한 예를 들어볼게요.

"모든 일이 나를 책망하고
무딘 내 복수심에 박차를 가하는구나.
(중략)
진정한 위대함이란
큰 명분 없이는 행동하지 않는 게 아니라,
명예가 걸려 있다면,
명분이 지푸라기 같을지라도 열렬하게 싸우는 것이다."

「햄릿」 4막 4장에 나오는 햄릿의 독백이에요. 셰익스피어 작품 전체에는 배우를 위한 놀라운 지침들이 쓰여 있어요. 지침들은 희곡 본문에 교묘하게 숨겨져 있죠. 거리낌 없이 드러내지 않고요. 앞선 대사, 처음 두 줄에서 가장 솔직한 조언을 볼 수 있어요. 갈등 없는 행동은 없다!

C 행동을 유발하는 것이 성공적인 연극이나 연기의 유일한 비밀일까요?

I 아, 어쩌죠. 이것은 이론적인 시작일 뿐이에요. 말하자면 영어를 배우기 위해 익혀야 할 알파벳에 해당해요. 나는 그것을 '무엇 선생님Mr. What'이라고 부릅니다. 그는 짝꿍인 '어떻게How'가 없으면 죽은 것과 마찬가지예요. 무대 위에 '어떻게'가 등장할 때 비로소 극은 시작됩니다.

행동의 충돌, 그러니까 갈등은 무대 위에 제시될 수 있어요. 그리고 '연극의 주제가 뭘까?' 하는 질문에 대한 답을 기다리면서 굳은 채로 남아있기도 합니다. 그런 경우에는 연극이 되지 않죠. 그러나 같은 갈등이 무대에 오르면 예상치 못하게 자발성을 가지고 즉흥적인 충동을 촉발하기도 합니다. 그래서 관객은 어느 한쪽을 열렬히 편들게 되기도 해요. 무대에서 만난 갈등의 영향력으로 관객은 자기의 삶에 필요했던 살아있는 대답을 찾게 됩니다. 이런 경우, 관객이 연극의 주제를 찾아가게 됩니다. 비밀은 '이 연극의 주제가 무엇인가?' 하는 물음에 있지 않습니다. '이 주제로 인물이 마주한 장애물을 어떻게 견뎌내는가, 혹은 견뎌내지 못하는가?'라는 진술에 있지요.

C 선생님은 방금 '예상치 못한 자발성'과 '즉흥적인 충동'이 공연 자체에서 일어나는 일이라고 말씀하셨죠. 연극을 준비하고 리허설하는 동안을 말하는 게 아니라요. 선생님은 늘 영감과 자발성이 계산의 결과라고 제게 말씀하셨잖아요? 이해가 잘 되지 않아요.

I 여전히 나는 그렇게 생각합니다. 하지만 지금은 공연 자체에 대해 말하는 거예요.

C 좋아요. 이제 설명해주세요. 여기에 얼마나 오래 있었는지는 모르지만, 왜 우리는 여기 엠파이어 스테이트 빌딩 꼭대기에서 경외심을 품고 짜릿하게 서 있는 건가요? 여기서 바라본 전

망은 놀랍지만, 전혀 예상하지 못한 건 아니잖아요? 실제로 여기에서 보이는 장면은 수백 장의 사진과 뉴스를 통해 접해서 이미 알고 있어요. 저는 비행기를 타고 맨해튼 상공을 날아본 적도 있고, 또 지금은 고층 아파트에 살고 있어요. 게다가 이미 전에 여기 와본 적도 있고요. 그런데 왜 이렇게 대단한 인상을 받을까요?

I 왜냐하면 그 놀라운 '어떻게'가 관여했기 때문이에요.

C 선생님은 '어떻게'에 열광하는 것 같아요.

I 일리 있는 말이에요. 그럼 '무엇'의 방식과 수단에 비교하여 '어떻게'의 방식과 수단을 보여줄게요. '무엇'은 끼익, 쩽그렁 소리가 가득하고, 사나운 싸움이 벌어지는 뉴욕 거리에서 엠파이어 스테이트 빌딩 1층 창문까지 그대를 데려다줍니다. 그는 창문을 열고 당신에게 말해요. "얘야, 여기가 이 건물의 102층 중 첫 번째 층이란다. 보다시피, 흔히 지상층으로 알려진 층†과 1층의 차이는 미미해. 정확히 20피트, 6미터야. 똑같은 소음을 듣고, 비슷한 광경을 보지. 아래에서 꿈틀대는 인간 군중과 분리되었다는 느낌은 별로 느끼지 못할 거야. 자, 2층

---

† 미국식으로 하면 지상층이 1층이지만, 여기서는 유럽식으로 지상층에 해당하는 로비와 1층을 구별해서 언급하고 있다.

으로 올라가자.”

C (경악한 표정으로) 네? 무슨 말씀이세요?

I “얘야, 2층으로.” ‘무엇’은 말이 떨어지기가 무섭게 움직입니다. 당신은 2층에 있어요. ‘무엇’이 높이를 따져보고, 다르게 보이는 광경을 분석하는 말에 약간 변화가 생깁니다. 그러고는 ‘무엇’은 적절한 설명을 곁들이면서 3층, 4층으로 연이어 당신을 데려가고, 마침내 102층에 도달합니다⋯⋯.

C 오, 이런. 무슨 말이에요! 그는 저를 4층, 아니 그 이상으로 데리고 가지 않을 수도 있죠.

I ‘무엇’은 아주 집요하죠. 내가 장담합니다.

C 그건 중요하지 않아요. 정확히 3층에서 저는 그의 목덜미를 부드럽게 잡고 창턱 너머로 흔히 지상층으로 알려진 층을 향해 밀어버릴 수도 있는데요. 그러면 끝이죠.

I 하지만 그대가 그와 함께 102층을 전부 들렀다고 가정한다면요? 지금 이 화려한 꼭대기층의 전경을 본 그대의 감정은 어떨까요?

C 그냥 무덤덤할 것 같아요.

I 왜 그런 차이가 나는 것일까요? 한번 생각해봅시다. 당신은 모든 층을 차례차례 오릅니다. 그러면 자신이 어디에 있고, 얼마나 높이 있는지 이해하게 되죠. 층마다 점진적인 변화가 있다는 것도 깨닫게 됩니다. 사실상, 이 구조물의 세부적인 부분을 모조리 다, 철저히 알게 됩니다. 그렇다면 왜 무덤덤할 거라고 생각하나요?

C 잘 모르겠지만, 생각하고 싶지 않아요.

I 그러면 이번에는 '어떻게'에게 우리를 여기로 데려와 달라고 요청해볼까요?

C 네. 그렇게 해주세요.

I 우리는 길을 따라 걷습니다. 이 도시에서 사람들은 일을 하려고 서두릅니다. 아니, 그보다 더해요. 사람들은 존재의 안식처, '직업의 장소'를 향해 우르르 몰려갑니다. '직업'은 도시의 사람 모두에게 빵과 비를 피할 지붕을 주고, 낮에는 희망, 밤에는 안락한 잠자리를 제공합니다. 잠수부에게 검은 진주가 소중하듯, 도시인들에게는 이런 것들이 소중하게 보입니다. 사람들은 출근기록계에 행여 출근 시간을 제때 기록하지 못할까 봐 두려워하고, 일자리를 잃을까 봐 두려워합니다. 발끝에, 몸짓에, 얼굴에, 또 말에 늘 엄청난 긴장이 배어 있습니다. 많은 일을 하고, 많은 시간이 흐릅니다. 한순간 멈춰서 태양이나 바

람이나 바다가 얼마나 평온하게 달리는지, 자신이 얼마나 광적인 속도로 달리고 있는지 살필 겨를도 없습니다. 자신에게 용기를 주기 위해서는 크게 소리치고, 거짓으로 웃으며 내달려야 합니다.

아무리 소리를 내도 모자라다는 듯, 도시는 상상할 수 있는 모든 수단으로 소리를 만들어 사람의 고막을 후려친다. 못 박는 소리, 경적 소리, 종소리, 기어가 갈리는 소리와 브레이크 끌리는 소리, 휘파람 소리, 징 소리와 사이렌 소리가 울린다. "일하러 가, 곧바로! 일하러 가, 지금 당장!" 음악에서 사분의 이 박자가 끊임없이, 음량이 더 커지면서 반복되는 것처럼, 도시는 일정한 리듬으로 소리를 지른다. 우리는 그 리듬의 일부분이다. 우리는 더 빨리 걷는다. 우리는 더 빨리 숨을 쉰다. 그녀가 내게 무슨 말을 하든, 전파 신호처럼 순식간에 지나간다. 나는 신속하게 대답한다. 마침내 우리는 엠파이어 스테이트 빌딩 문 앞에 도착한다. 우리는 힘겹게 헤쳐 나간다. 밀려드는 팔, 다리, 얼굴의 흐름에서 벗어나 건물 안으로 몸을 집어넣기란 너무나 힘든 일이다. 우리는 인파를 헤치려 노력한다.

　순식간에 우리는 엘리베이터라는 상자 안으로 옮겨져 있다. 마치 세상에서 칼로 잘라내어진 것 같다. 오케스트라가 '포르테, 포르티시모'†로 연주하는데, 지휘자가 장인의 손놀림

---

† 악보에서 포르테(forte)는 세게, 포르티시모(fortissimo)는 더 세게 연주하라는 뜻이다.

으로 연주를 중단하고 나서, 다시 바이올린이 부드럽게 '소스
테누토'†로 연주하는 느낌과 유사하다. 얼마나 오랫동안 지속
하는지 우리는 알지 못한다. 둘뿐이니까. 우리는 높은 곳으로
치솟는다. 엘리베이터를 갈아타고, 우리는 다시 솟아오른다.
102층으로 올라가는 시간은 눈 두 번 깜박이는 동안, 순식간
이다. 문이 열린다. 그리고 인간의 천재성과 과학기술 덕분에
우리는 여기, 하늘에 머물러 있다. 인간 노동의 결과로 세상과
분리되었다.

어디를 보아도 공간은 존재하고, 시간은 흐른다. 시선이
그를 좇으며 생각에 잠긴다. 우리는 어떤 방향, 어떤 명령, 어
떤 제한도 받아들이도록 강요받지 않는다. 우리는 스크랴빈‡
의 〈전주곡〉 15/8 박자, 그 끔찍하게 유혹하는 운율에서 갑자
기 끌려 나와, 폭이 넓고 미끄러지듯 흐르는 마법 양탄자에 던
져져 일정한 바람의 리듬에 따라 공중에서 떠다닌다. 바람은
박자에 맞춰 간격을 두고 '공간'이라는 단어 하나를 크게 노래
부르는 것 같다. 고통에서 행복으로 순식간에 올라가는 가운
데 우리의 영혼이 고양된다.

c '어떻게'라는 친구에게는 그런 막중한 책임이 있군요. 우리가
  두 번 눈을 깜빡이는 '찰나'에 놀라운 결과를 만들어내야만
  하는 거예요.

---

† 악보에서 소스테누토(sostenuto)는　　　는 뜻이다.
　소리를 충분히 끌면서 음을 하나하　‡ 스크랴빈(Skryabin, 1872~1915)은
　나 눌러서 그대로 지니며 연주하라　　러시아 작곡가이자 피아니스트이다.

I 고맙지 않나요? '어떻게'가 중요하다는 것을 깨달았나요?

C 네. (잠시 골똘히 생각하다가) 아니, '어떻게'가 어디에 중요한
거죠?

I 우리 직업에요.

C 정말요?

I 농담처럼 들리겠지만 나는 진지하게 말하고 있어요.

C 제가 어떻게 알겠어요? 선생님은 알고 계시다는 걸 알아요. 결
국 '어떻게'라니! 터무니없어요.

I 음, '어떻게'라고 하니 아쉬운 건가요? 보다 학문적이고 일반
적인 단어로 표현하기를 바라는 건가요?

C 네. 맞아요.

I 운율, 그러니까 '리듬'이에요!

C 아! (평소처럼 익살스러운 모습으로 돌아와서) 저는 그 이름을
어디서 들어본 적은 있지만, 제대로 느껴 본 적은 없어요.

I 나 역시 마찬가지예요. 자크 달크로즈라는 사람이 있어요. 몸의 움직임을 통해 음악을 경험하는 학습 방법인 유리드믹스를 창안한 음악가이자 교육자죠. 그는 내게 '음악과 춤에서의 리듬'에 대해 많은 것을 가르쳐주었어요. 리듬은 그 두 가지 예술에서 본질적이고 필수적인 요소이죠. 심지어 아직 영어로 번역되지는 않았지만 '건축에서의 운율'에 대한 책도 찾았어요. 그림이나 조각에서도 종종 운율을 언급하는 이들이 있지만, 제대로 설명한 책은 아직 보지 못했고요. 어쨌든 연극에서는 '템포'라는 기계적인 단어를 쓰곤 하지만, 그 단어는 리듬과는 아무런 관련이 없습니다. 만약 셰익스피어가 그 두 단어에 역할을 맡겼다면 이렇게 썼을 수도 있어요. '리듬은 예술의 왕자요, 템포는 그 왕자의 배다른 동생이다.'라고요.

C 호기심을 자극하는 멋진 비유네요.

I 모든 예술에 적용할 수 있도록 리듬을 정의하려고 내가 얼마나 많은 시간을 애썼는지 믿기 어려울 거예요.

C 성공하셨나요?

I 아직은 아니에요. 예술 작품에 표함된 모든 다양한 요소의 규칙적이고 측정 가능한 변화에 제법 가까이 다가갔답니다. 그 모든 변화는 규칙적이라서, 관람자의 주의를 점진적으로 자극합니다. 그리고 리듬은 예술가를 최종 목적으로 이끌어요.

C 체계적으로 들리네요.

I 왜냐하면 그것이 사고의 시작이기 때문이에요. 나는 그것이 리듬의 최종적인 정의라고 주장하고 싶지 않아요. 그대가 생각해보고 더 좋은 것을 찾길 바랍니다. 만약 찾았다면 친구들에게 알려줘요. 그럼 나는 감사할 거예요. 언젠가 우리 모두 그렇게 되겠지요. 그동안, 그대는 내가 내린 정의에 의문을 가지고 공격했으면 좋겠네요. 그럼 나도 방어할 기회를 갖게 되겠죠.

C 좋아요. 선생님이 '질서 있고 측정 가능한'이라고 하셨잖아요. 만일 제가 '무질서'를 만든다고 가정하면요? 어떻게 질서가 있고 측정이 가능하겠어요?

I '변화changes'라는 단어를 잊었군요. 당신의 예술 작품인 '무질서'는, 그것이 예술 작품이라고 한다면 여러 가지 갈등하는 행동으로 구성되어야 합니다. 그 행동은 그대의 천재성이 허용하는 만큼 매우 무질서할지도 몰라요. 그러나 하나에서 다른 하나로의 '변화'는 질서가 있어야 합니다. 그게 바로 천재만이 변화를 통해 만들어내는 것입니다. 미켈란젤로가 시스티나 성당 천장에 그린 프레스코 벽화를 떠올려보면, 바닥에서 위쪽을 보았을 때 창조의 원형인 '무질서'라는 인상을 완벽하게 느낄 수 있죠. 그 프레스코 벽화를 복제해서 탁자 위에, 그대 눈앞에 펼쳐 놓아봅시다. 작품을 이루는 모든 요소가 '질서 있고

측정 가능한' 변화를 만들어내고, 그 변화로 구성된 '무질서'
가 바로 그 작품이라는 점은 한 번만 봐도 납득될 것입니다.

C 기억나요. 선생님이 맞아요. 하지만 좀 더 꼼꼼하게 따질게요.
변화가 무엇을 의미하죠? 변동fluctuations†을 말하나요?

I 아니, '변동'이 아닙니다. 정확하게 '변화'입니다. 다른 예를 들
면 더 명확하게 설명할 수 있을 겁니다. 레오나르도 다 빈치가
그린 〈최후의 만찬〉을 기억하나요?

C 네, 생각나요. 저는 그 작품 안에 있는 모든 손의 움직임을 연
구했어요. 모조리 암기해서 자유롭고 자연스럽게 사용할 수
있었죠.

I 좋아요. 여기에서 요소는 손입니다. 손 자세가 스물여섯 번 바

---

† 단어의 숨겨진 의미, 혹은 뉘앙스의 차이를 변별해야 이 부분을 이해할 수 있다. 변동(fluctuations)은 변화가 발생한 상태를 지칭하는 뉘앙스를 지님으로써, 그 뜻이 변화가 이루어진 결과 쪽으로 치우친다. 반면 변화(changes)는 변화하는 상태, 즉, 과정에 더 가깝다. 실제로 우리는 흔히 '변화'라는 단어에 담긴 지속성을 별로 고려하지 않는데, 변화는 시간 속에서 어떤 상태가 다른 상태로 불쑥 건너뛰는 것이 아니다. 변화하고 있는 상태 자체도 시간 안에서는 언제나 멈추지 않고 이어지지 않는가? 이 점을 의식한 단어가 변화다. 물론 방금 말했듯 일상생활에서는 딱히 구분하지 않아도 큰 문제가 없지만, 면밀하게 해석하는 자라면 그 차이를 의식하고 있어야 한다. 특히나 신체로 무언가를 표현하는 배우라면 말이다. 왜냐하면 사람은 늘 시간 속에서 지속되는 존재이기 때문이다.

꿉니다. 스물세 번은 보이고 세 번은 보이지 않습니다. 그대가 모든 자세를 암기하고, 하나에서 다른 하나로 자유롭게 변화를 주고, 각각의 변화에 그 의미를 쌓아갈 수 있다면 그대는 그 특별한 걸작의 운율을 성취할 것입니다.

C 무용가인 이사도라 덩컨이 정확히 그렇게 했고, 앙나 엔터스도 지금 그렇게 하고 있지 않아요?

I 맞아요.

C 그렇군요. 질문이 하나 더 있어요. 그림 〈최후의 만찬〉에서 손은 바뀌지만, 동시에 정지해 있어요. 어떻게 리듬이라는 단어를 거기에 적용할 수 있을까요? 리듬 움직임에 적용하는 게 아닌가요?

I 제한할 필요 없어요. 빙하는 한 세기에 5센티미터를 움직입니다. 제비는 1분에 3킬로미터를 날아가죠. 둘 다 리듬이 있어요. 빙하에서 이론상으로 가능한 정지 상태로, 그리고 제비에서 이론상으로 가능한 광속으로 생각을 확장해봐요. 리듬은 그 모두를 자기 범위 안에 포함하고 수용할 것입니다. 실존한다는 것은 리듬을 갖는 거예요.

C 그 '요소'는 어떻게 되나요?

I 그것은 간단해요. 톤, 움직임, 형식, 단어, 행동, 색상 등 예술 작품을 만드는 어떤 것이든 리듬의 요소가 되죠.

C 그림의 색상에 '질서 있고 측정 가능한 변화'를 어떻게 적용하나요?

I 게인즈버러라는 영국 화가가 그린 〈파란 옷을 입은 소년〉을 봅시다. 지배적인 색은 파란색입니다. 그 색은 무한히 변화합니다. 작가는 매번 그 변화를 매끈하게 처리해서 보는 사람은 거의 감지할 수 없어요. 거기엔 질서가 있습니다. 수많은 모방자가 각각의 변화에서 인디고(남색 물감)의 양을 측정하려고 노력해왔어요. 그들은 대부분 실패했지만, 일단 변화가 이루어졌기 때문에 측정할 수 없는 것은 아니에요.

C 같은 예로 계속 얘기해주세요. 파란색에서 이루어지는 변화가 어떻게 '점진적으로 관객의 주의를 자극'하죠?

I 파란색이 아닌 지점을 보도록 단순히 호기심을 불러일으키는 겁니다.

C 그 말은······.

I 그러니까······. '소년'의 얼굴, 창백하고 누르스름한 분홍빛으로 정교하게 표현한 얼굴이죠.

C 맞아요! 그리고 동시에 '예술가의 최종 목표를 가리키고' 있어요. 그 소년의 얼굴이요.

I 당신이 나보다 먼저 결론에 도달했군요!

C 한 문장으로 결론짓기를 원하지 않는다면, 그건 제가 아니죠!

I 적어도 내가 할 수 있는 일은 그대가 결론을 지었다고 믿게 하는 것이겠지요.

C '믿게 한다.'라는 게 무슨 뜻인가요?

I 아직 리듬에 대해 모두 말하지 않았어요.

C 아, 그건 괜찮아요. 그 말은 제가 결론을 더 많이 지을 것이라는 의미일 뿐이죠.

I 그렇게 되기를 바라요.

C 전 확신해요. 그것을 증명하기 위해, 심지어 처음 시작하는 말 몇 마디를 꺼내겠어요. 제가 연극 무대에서, 그러니까 브로드웨이에 있는 레퍼토리 극단에서 일하는 동안, 오래된 단어 '템포'가 믿을 수 있고 매우 도움이 된다는 사실을 알았어요. 선생님은 몇 분 전에 그 단어를 오용했죠. 사실 무엇을 해야 할

지 모를 때 그 단어가 여러 번 나를 구해주었어요.

I (아, 얼마나 기쁜지!) 그래요, 바로 그대가 무엇을 해야 할지 몰랐을 때! 무엇을 해야 할지 알 때까지 난처한 순간에는 얼렁뚱땅 재빠르게 무마해버렸죠. 놀라워요! 나는 배우들이 분명히 무엇을 해야 할지 전혀 모르는 공연을 본 적이 있어요. 내가 그 3막 공연에서 발견할 수 있었던 모든 요소는 '템포'였고, 또 다른 난처한 순간의 구원자인 '어조'였어요. (나는 익살스럽게 그녀의 어깨를 툭툭 친다.) 친애하는 배우여, 그러니 당신이 얼른 결론을 지어봐요.

C 선생님, 너무해요. 유감스럽게도 레퍼토리 극단에서 배우는 대개 무엇을 해야 할지 알아낼 시간이나 기회가 없어요.

I 그 배우가 거짓말하지 않도록 해요. 그가 상황을 개괄적으로 파악하고 진실하게 통과하도록 해요. 그러면 그는 순간적으로 자극을 받아 무엇을 해야 할지 알게 될지도 몰라요. 그런 일은 살다보면 일어나죠. 그대는 동네에 있었는지도 모르는 사람을, 만나고 싶지 않은 사람을 만나서 자발적으로 행동하기 시작합니다. 큐를 받고 대답하는 거죠. 결국 그것이 작가가 그대에게 원하는 일입니다. 작가가 준 신호에 따라 자발적으로 대답하는 일이죠.

C 그 자발성은 어디서 얻나요?

I 발달한 리듬 감각에서 얻습니다. 템포에서 오는 게 아니라는
점은 확실하죠. 템포는 느리고, 중간이고, 빠르다는 뜻이에요.
너무 제한적이죠. 반면에 리듬은 끝없이 영원히 흔들립니다.
모든 창조물은 리듬으로 살아갑니다. 하나의 한정된 존재에서
다른 하나의 위대한 존재로 전환하면서 살아갑니다. 예를 들
어, 다음 대사를 들어봐요.

"그대를 그냥 케이트Kate라고 부르던데,
그건 송두리째 거짓말이오.
어여쁜 케이트, 그리고 가끔은 심술쟁이 케이트.
하지만, 케이트는 전체 기독교 국가에서 가장 예쁜 케이트.
케이트 홀†의 케이트, 완전 달콤한dainty 내 케이트요.
달콤한 건 모두 케이트니까.
그러니 케이트, 내 말을 좀 들어 봐요.
내게 위안이 되는 케이트여.
그대 고운 마음은 온 마을에서 칭송이 자자하고,
사람들은 그대 정숙을 말하고, 그대 아름다움을 떠들고 있소.
하지만 그대에게 속해있는 만큼 그렇게 깊지 않구려.

† 셰익스피어 시대에는 고귀한 가문을 지칭할 때 가문의 성 뒤에 홀이라는 단어를 붙여서 표현했다. 여기서는 '케이트'라고 널리 알려진 만큼 케이트 홀, 즉 케이트 가문이라고 부르겠다는 뜻이다. 한편 그다음 문장에서 사용하는 영어 단어 'dainty'는 여성의 섬세함(delicacy)을 뜻하기도 하지만, 디저트나 케이크 같은 달콤한 음식(delicacy)을 뜻하기도 한다. 또한 Kate와 cake는 발음이 유사하므로 연결하여 단어를 활용하고 있다.

그대가 내 아내가 되길 간청하러 내가 직접 왔소이다."

당신도 잘 알고 있듯이, 이건「말괄량이 길들이기」2막 1장에서 페트루치오가 캐서리나에게 내뱉는 대사죠. 리듬 감각이 없는 배우가 전달한다면 이 대사는 굉장히 단조로운 말이 될 수 있어요. 속도나 템포가 그 배우를 구하지는 못할 거예요. 더 빨리 읊을수록, 더 둔하게 들릴 겁니다. 언젠가 나는 '그냥'에서 '어여쁜'으로, '심술쟁이'에서 '가장 예쁜'으로, '케이트 홀'에서 '완전 달콤한'으로, 그리고 다른 부분에서 '변화'의 가치를 알고 있는 배우가 이 대사를 전달하는 것을 들은 적이 있어요. 장담컨대, 내 인생에서 이보다 더 짧은 대사는 들어본 적이 없어요. 그야말로 변화가 빗발치듯 쏟아지는데, 정말 감탄할 정도였죠. '템포'와 '리듬'의 차이점을 가장 잘 보여주는 리트머스지는「햄릿」3막 3장에 나오는 클로디어스의 첫 독백입니다. 이렇게 시작하죠.

"아, 나의 죄악. 그 악취가 하늘을 찌르는구나.
인류 최초로 무서운 저주를 받았다.
형제를 죽이다니! 나는 기도조차 할 수 없다.
마음은 의지와 같이 예리하지만,
무거운 죄가 강렬한 결심을 꺾는다.
그리고 두 가지 일을 동시에 해야 하는 사람처럼
나는 어느 것을 먼저 할까 망설이며 서 있다가
둘 다 하지 못하는구나."

　잠시만 고민해봐요. 뭔가 보이나요?

C 한 가지가 보여요. 바쁜 날에 일이 더 많아지는군요.

I 자, 결론은 그대 것이죠. 그게 무엇일까요?

C 제가 '점진적으로 관객의 주의를 자극'할 수 있게 하는 모든 것, 아닌가요?

I 브라보! 당신은 기꺼이 연기예술에 자신을 희생할 수 있는 사람이에요. 그런 경우, 연습은 간단해집니다. 배우에게 리듬 감각을 습득하는 일은 우연히 인생에서 마주치게 되는 어떤 리듬에도 자유롭게 완전히 자신을 내맡기는 문제입니다. 다시 말해, 자신을 둘러싸고 있는 리듬에 면역이 되지 않도록 하는 일이죠.

C 그러기 위해서는 리듬이 무엇인지 알고 깨달아야 할 텐데요. 제가 리듬을 느끼지 못하는, 일종의 '리듬-치'라고 하면요, 그러니까 무의식적으로요. 그럴 땐 어떻게 해야 하죠?

I "수녀원으로 가시오. 빨리 가시오. 잘 가시오."†

---

† 「햄릿」 3막 1장에서 햄릿이 오필리어에게 하는 대사를 재치 있게 인용했다.

C 오, 제발요. 전 정말 리듬 감각이 없는 것 같아요.

I 잘못 생각하고 있어요. 돌덩이라도 리듬 감각이 있어요. 어떤 배우들은 아마 리듬 감각이 없을지도 모르지만, 아주 소수일 것입니다. 평범한 존재는 모조리 리듬 감각을 가지고 있어요. 때때로 개발되지 않고, 활동을 중단한 상태일 수는 있어요. 하지만 조금만 연습하면 나타날 거예요.

C 절 그만 괴롭게 하시고, 어떻게 하는지 말해주세요.

I 서두르지 말아요. 그 연습은 아주 간단하고 보편적이기 때문에, 설명하기가 정말 어려워요. 아이는 주어진 리듬의 발현과 함께 태어납니다. 숨을 쉬죠. 공평한 출발로서 자연이 모두에게 제공하는 것이죠. 그 후에는 성장이 이어집니다. 첫 번째로 걷기, 두 번째로 말하기, 세 번째로 감정에서 발달이 이루어집니다. 한 걸음, 한 단어, 한 감정이 다른 하나로 바뀌고 그다음에 또 다른 하나로 변합니다. 각각 최종 목표를 향해 똑같이 전념합니다. 이것이 리듬의 첫 번째 단계, 의식의 첫 번째 단계입니다. 두 번째 단계는 외부의 힘이 그대에게 리듬을 부과할 때 등장합니다. 다른 사람과 함께, 또는 다른 사람을 향해 걷거나 움직이거나 몸짓을 취할 때입니다. 줄을 서서 걷고, 친구를 만나기 위해 달려가고, 적과 악수할 때입니다. 누군가의 말이 그대를 분노하게 하거나, 충격에 빠트릴 때, 그대가 말로 그 말에 응답할 때입니다. 그리고 그대의 감정이 다른 사람의

감정에 대한 직접적인 응답이고 결과일 때 두 번째 단계는 등장합니다.

C 세 번째 단계는 무엇이죠?

I 그대가 자신만의 리듬과 다른 사람의 리듬을 제어하고 창조할 때입니다. 과정의 완성이고 결과물이죠. 그걸 성취하기 위해 서두르지는 말아요. 배우는 사람은 두 번째 단계부터 시작해야 하니까요. 처음부터 많은 일을 해서는 안 돼요. 그에게 필요한 일은 현실에서 이러한 발현을 알아차리고 뇌에 저장하는 것입니다. 다른 리듬의 결과에 특별한 주의를 기울여야 합니다.

　　시작하기에 가장 좋은 대상은 음악이죠. 리듬은 음악에서 가장 두드러지게 나타나니까요. 콘서트에 가 봐요. 길거리 오르간도 마찬가지 역할을 합니다. 그러나 음악을 분해하는 게 아니라 그 자체, 전체로도 들어야 해요. 몸의 긴장을 완전히 풀고, 일정한 음악의 박자에 휩쓸릴 준비가 되면 음악을 들어요. 음악이 불러일으키는 감정에 자신을 내맡겨요. 음악의 변화에 따라 감정이 변화하도록 내버려 두어요. 무엇보다 집중하면서도 유연해져야 해요. 음악에 이어서 다른 예술도 그렇게 접하고, 그다음에는 매일 일어나는 일을 그렇게 대하도록 해요.

C (일상적인 사실에서 진리를 깨달으면 그러하듯 황홀해하며)

이제 알겠어요. 여기 이 높이에서 저에게 일어난 일이 바로 그 것이었군요. 리듬은 그렇게 빠르게, 또 그렇게 훌륭하게 펼쳐 지고, 저는 그 엄청난 변화에 완전히 몸을 내맡겼어요.

I 인상 깊은 소감이네요. 코끼리라도 그 엄청난 변화에 영향을 받아 비틀거릴 것입니다. 당신에게는 별로 도움이 안 되는 말 이지만요.

C 친애하는 선생님, 하지만 그게 결론은 아닐 거라고 봐요. 제가 음악을 민감하게 느끼고 난 이후라고 가정해보죠. 그 뒤로는 어디로 가야 하죠? 다음으로 제가 민감하게 느껴야 할 대상은 무엇인가요?

I 그대는 이미 수백 미터 상공에 있어요. 작은 점프에도 민감한 상태죠.

C 선생님, 무슨 말씀인가요, 재미없어요!

I 당신은 뉴욕 거리의 리듬에 민감합니다. 그대 덕분에 나는 숨 이 넘어갈 뻔했었죠.

C 하지만 전 지금 선생님 유머에 더는 민감해지지 않겠어요!

I 아뇨. 또 한 번 실망시켜서 미안하지만, 그대는 내 유머에 민

감한 상태입니다. 그대는 목소리의 힘, 말의 속도, 요구하는 말의 양을 변화시켰어요. 그래서 그대 리듬을 바꿨죠.

C 제발요, 선생님. 말해주세요. 제가 음악에 자유롭고 편하게 반응한 후엔 무엇에 주의를 기울여야 할까요?

I (그녀가 계속해서 조르는 바람에, 나는 나만의 방법으로 리듬을 바꾼다. 그녀의 손을 잡고 난간으로 이끈다.) 친애하는 그대여, 이제 나를 보지 말아요. 공간을 들여다보고 내면의 귀로 들어봐요. **음악을 포함해 우리를 둘러싼 모든 예술은 우주 전체를 향한 열린 길일 뿐이에요.** 그 안에 있는 어떤 것도 놓치지 말아요.

바다에서 들려오는 파도 소리를 들어봐요. 시간 따라 변하는 파도의 변화를 그대의 몸, 머리, 영혼으로 흡수해요. 데모스테네스†가 한 것처럼 파도와 대화해봐요. 처음엔 쉽지 않을 거예요. 파도와 대화하기 어렵더라도 흔들리지 말아요. 당신이 하는 말의 의미와 리듬이 파도가 끝없이 내는 소리에 이어지도록 해요. 순간뿐일지라도 파도의 영혼을 들이마시고, 파도와 하나가 되어 느껴요. 그러면 그대는 언젠가 일반적으로 문학이 보여주는 보편적인 요소들이 보여주는 영원한 역할을 표현할 수 있게 될 것입니다.

---

† 고대 그리스의 정치가로, 어릴 적 생긴 언어장애를 고치기 위해 입안에 자갈을 넣고 말하고, 시를 낭송하면서 달리고, 또 해변에서는 파도 소리에 맞서 웅변을 연습했다고 한다.

숲, 들판, 강, 그리고 머리 위에 있는 하늘과도 대화해봐요. 그런 다음 도시를 바라보는 거예요. 당신의 정신을 도시의 리듬에 맞추어요. 도시가 만들어내는 소음에서 당신이 창조적인 리듬을 발견했던 것을 잊지 말아요. 소도시의 조용하고 몽환적인 아름다움을 기억하세요. 무엇보다도 당신과 함께 세상을 살아가는 사람들을 잊지 말아요. 동시대를 함께하는 이들이 실존한다는 점을 늘 상기하면서 그들의 삶에서 나타나는 변화 하나하나에 민감해야 해요. 그 변화에 새롭고 더 높은 수준에서 늘 당신만의 리듬으로 응답해요. 이것이 바로 삶의 비밀입니다. 견뎌내고 인생에 뛰어들어 실재하는 의미이죠. 돌에서 인간 영혼까지, 이것이 바로 이 세상입니다. **연극과 배우는 세상이라는 그림의 한 요소로 존재하지만, 배우 자신이 한 부분이 되지 않으면 전체를 표현할 수 없습니다.**

C (잠시 생각에 잠겼다가 슬픈 표정으로) 마음이 어수선하네요.

I 왜요?

C 앞으로 몇 달 동안 제가 얼마나 바쁠지 상상하니까 말이에요.

I 그렇겠죠. 하지만 그대는 '다음에 무엇을 해야 하는지' 언제나 알게 될 겁니다. 부디 이 말이 지금 당신에게 위로가 되었으면 좋겠어요.

C (언제 그랬냐는 듯 씩씩한 목소리로) 맞아요! '어떻게'에게도
안부를! 선생님, 이제 갈까요?

우리는 일어난다. 엘리베이터가 우리를 지상으로 재빨리 내려
놓는다. 거리가 우리를 삼킨다. 그리고 우리는 리듬을 바꾼다.

인생을 위한 지침서

오동진(영화평론가)

콘스탄틴 스타니슬라브스키는 메소드 연기 이론의 창시자이지만, 정작 메소드 연기를 구현한 사람은 리처드 볼레스라브스키이다. 폴 뉴먼과 제인 폰다는 이미 스타의 대열에 들어섰음에도 스스로 연기 지도를 받기 위해 볼레스라브스키를 탐구했다. 〈뜨거운 양철 지붕 위의 고양이〉†에서 폴 뉴먼의 연기는 그렇게 해서 나왔다. 전설의 감독 아서 펜의 〈체이스〉‡에서 제인 폰다는 이전과 다른 연기를 선보였다. 볼레스라브스키의 연기론, 매소드 이론이 없었다면 위대한 배우들의 탄생은 불가능한 일이었다.

콘스탄틴 스타니슬라브스키의 연기론이 주로 연극과 무용 분야를 위한 것이었다면 볼레스라브스키는 그야말로 영화와

---

† 〈뜨거운 양철 지붕 위의 고양이(Cat on a Hot Tin Roof)〉(1958), 테네시 윌리엄스의 동명 소설을 원작으로 한 리처드 브룩스 감독의 영화. ‡ 〈체이스(The Chase)〉(1966).

TV 드라마 연기에 적합하여, 현재에 이르기까지 시간과 공간을 넘어 완벽하게 관통하는 연기 이론을 만들었다. 이른바 '캐릭터라이징', 곧 배역을 연구하고 분석하는 것을 넘어서서 캐릭터 그 자체가 되는 일은 이제 미디어 연기에 있어서 필수이자 넘어야 할 산이 됐다.

예컨대 다니엘 데이 루이스가 스티븐 스필버그로부터 영화 〈링컨〉의 링컨 역을 제안받았을 때 2년을 기다려달라고 했고, 그는 2년간 오른손잡이에서 왼손잡이가 되었다. 실제 링컨의 몸무게에 맞추어 체중을 조절하고, 링컨처럼 턱수염을 길렀으며 (믿거나 말거나지만) 심지어 키까지 맞춘 채 스필버그 앞에 나타나 그의 입을 떡 벌어지게 했다는 유명한 일화가 있다. 배우는 연기를 위해 자신의 전부를 싹 바꿀 줄 알아야 한다는 이야기의 중요한 사례로 꼽히고, '자신을 싹 바꾸는 일'은 볼레스라브스키의 연기 교육 원칙의 세 번째에 해당한다. 볼레스라브스키는 육체적이고 기술적인 훈련(호흡, 발음, 노래, 팬터마임)으로 시작해 인문 교육(문학, 회화, 음악, 인체 해부학까지)으로 나아가고 궁극적으로는 영혼을 교육하고 훈련해야 한다고 가르쳤다. 다니엘 데이 루이스는 링컨이 되기 위해 링컨의 영혼으로 스스로를 훈련한 셈이다.

신학자들이 아우구스티누스가 쓴 『참회록』을 대하듯 연기자들에게 있어 리처드 볼레스라브스키가 쓴 이 『연기 6강』은 평생을 지니고 살아야 할 지침서이다. 『연기6강』의 내용 하나하나가 주옥이다. 대화로 이어진 강의록으로서의 장점은 구체성이 극대화되었다는 점이며, 이것이 가능했던 이유는 콘스탄틴 스타니슬라브스키가 사회주의 리얼리즘에 입각한, 말 그대로 이론을 창시하는 데 주력했다면 볼레스라브스키는 촬영 현장에서, 그것도 할리우드 시스템과 같은 공장형 체제에서 접목하고 실현하려 노력했기 때문이다. 볼레스라브스키는 미국으로 건너가 영화감독으로 전업했지만, 연출보다는 연기 수업에 전념했다. 아메리칸 래버러토리 시어터가 그 산실이었다.

볼레스라브스키는 축구로 말하면 히딩크이다. 히딩크는 선수 때보다 감독일 때 더 재능을 발휘하고 성과를 냈던 인물이다. 볼레스라브스키가 연출한 영화, 마를렌 디트리히와 샤를르 보와이에가 나왔던, 〈가든 오브 알라〉(1936)는 이제 역설적으로 '듣보잡' 영화가 됐지만 이 책『연기 6강』은 그가 진실로 어마어마한 영화의 역사를 만들어 낸 인물임을 역설하고, 웅변하며, 입증한 업적을 보여주는 책이다. 호랑이는 죽어서 가죽을 남기고 사람은 죽어서 이름을 남긴다. 연기자는 영화를 남긴다. 볼레스라브스키는『연기 6강』을 남겼다. 꼭 연기자가 되지 않더라도, 적어도 지금의 인생을 바꾸고 싶은 사람이라면, 이 책은 필독서이다. 삶을 바꾸려면 삶의 태도를 바꿔야 하고 태도를 바꾸기 위해서는 자신의 영혼까지 바꿔야 하기 때문이다. 여섯 번의 강의만 들으면 된다. 그러니 이『연기 6강』만 열심히 읽어도 된다. 당신이 더 이상 잃을 것이 없고 삶의 벼랑에 서 있는 느낌이라면, 더 나아가기가 버겁게 느껴진다면, 이 책을 권한다.『연기 6강』은 스크린 연기를 넘어서 인생 연기를 위해 알아야 할 지침이다.

연기예술의 문은 열려 있다

김성태(영화학자, 『영화의 역사』 저자)

리처드 볼레스라브스키가 쓴 이 책은 축복이다. 아마도 연기를 제대로 하고 싶어 하는 사람들이 이 책을 손에 들었겠지만, 여기에는 진리의 밀어가 넘치기 때문이다.

어떻게 '연기'를 여섯 개 강의로, 이토록 짧은 내용으로 마무리할 수 있을까? 단순하게 따지면, 여느 '연기 개론'보다 부족해보일 수 있다. 그러나 이미 이야기했듯, '말'의 힘은 양적인 문제가 아니다. 이 여섯 개의 강좌는 그저 여섯 개의 핵심어로 요약할 수 없다. 여섯 번의 단계이고 생각의 과정이다. 그렇기에 연기하기 위한 지식을 글로 전달하는 것이 아니라 연기를 할 수 있도록 '생각'을 불러일으키기 때문에, 이 책의 내용은 한없이 확장된다.

아주 친절한 연기 교사로, 저자는 그녀에게 '연기란 무엇인가'만을 말하는 것이 아니라 '연기를 어떻게 해야 하는지' 나아가 '연기가 어떻게 우리 자신을 바꿀지'를 이야기한다.

여러분이 알아두어야 할 것은 그의 말뿐이 아니다. 리처드 볼레스라브스키는 연출자다. 책에 등장하는 '그녀'는 하나의 캐릭터다. 리처드 볼레스라브스키는 이 책에서 그녀와 여섯 막의 연극을 펼쳤다. 즉, 그녀는 이 2인극의 한쪽을 차지하는 매우 중요한 인물이다. 달리 말하면, '그녀'의 '말'도 우리는 음미해야 한다. 책을 읽기 시작하면서부터, 여러분이 남성이든 여성이든 노인이든 젊은이이든 대번에 '그녀'의 자리에 자신을 대입했을 것이다.

이 점에 비추어보면, 연출자 볼레스라브스키는 아주 번뜩이는 작가이기도 하다. 그렇게 여러분을 연극 무대 위에 올려놓고 글을 시작하기 때문이다. 생각해보라. 여러분이 '그녀'이기 위해서는 무엇이 필요할지를. 연기를 하고 싶어 하는 사람으로서, 어느 정도 난관에 봉착해보고, 연기를 잘한다고 여기며, 첫 강좌에서처럼 칭찬도 받았다. 그러나 칭찬은 죄다 주변 사람의 말이었을 뿐이다. 정작 '전문가'가 되려고 하자 불안감이 밀려온다. '그녀'의 불안감을 여러분도 느꼈는가? 그렇다면 그리스 철학자 디오게네스처럼 광장에 누워 있는 저자에게 도움을 구하고 질문을 던져보자. 이 책은 여러분 곁에 있다.

무대 위에 서면, 관객은 없다. 오직 상대방만이 존재한다. 서로가 주고받는 대사만이 그들을 이어주는 끈이다. 그래서 말을 던지는 것만큼이나 듣는 것도 중요하다. 그러면서 서로의 생각을 발전시키고 지혜로워지는 것이 아니겠는가?

여러분은 우선 '그녀'라는 캐릭터에 이입해야 한다. 말하자면, 여러분은 볼레스라브스키의 말을 듣고 생각하며 그에 반응하는 존재가 되어야 한다. 보다 정확히 말하자면, '연기'해야 한다. 그렇지 않는다면 여러분은 강의가 끝난 후의 '그녀'와 결코 같아질 수 없을 테니까.

볼레스라브스키는 그저 글을 읽고 고개만 끄덕이라고 여러분에게 이런 말을 늘어놓은 것이 아니다. 자신이 펼친 무대 안에 들어와 직접 주인공이 됨으로써 여러분 스스로가 생각해볼 수 있도록 볼레스라브스키의 요구가 전제된다.

　다시 말하지만, 볼레스라브스키는 여러분이 "연기란 무엇인가?"에 대해 말하는 자가 되기를 바라지 않는다. 단지 여러분이 '연기'하기를 바랄 뿐이다.

　부디 막이 내릴 때까지 연기를 해볼 기회가 있었기를, 연기 속에서 자신을 깨닫는 소중한 기회를 만났기를 바란다.

진정한 배우가 되어가는 과정

황정화(배우, 전직 초등학교 교사)†

리처드 볼레슬라브스키가 대화 형태로 쓴 책『연기 6강』은 배우가 연기를 하기 위해 가져야 할, 훈련해야 할 모든 것을 알려준다. '연기 예술의 재능은 타고나는 것이다. 하지만 연기 기술은 하고자 한다면 익힐 수 있고, 발전시킬 수 있다'라는 전제하에 자신의 재능을 발산하기 위해 자기 몸과 마음 그리고 정신을 쏟아부을 준비가 되어 있는지 먼저 묻는데, 사실 뜨끔했다.

　　제목은 강의라고 되어 있지만 연기를 배우러 온 어린 배우와의 대화를 통해 진정한 배우가 되어가는 과정을 그린 잘 짜인 희곡이라 읽는 재미가 있어 단숨에 읽을 수 있었다. 읽는 동안 연기하는 나 자신을 자연스럽게 떠올리며 반성하고, 좌절하고, 다시 힘을 내기도 했다. 연기 기술의 핵심인 '집중과 관

† 배우의 삶을 위해 2024년 명예 퇴임.

찰, 경험과 기억, 움직임과 균형, 창조와 투사'를 훈련하는 방법을 아주 구체적으로 제시하고 있어 연기에 관해 이 책보다 더 잘 말할 수 있을까 할 정도다. 물론 연기가 손에 잡히는 게 아니라서 당사자가 되어 직접 훈련받지 않으면 알 듯 모를 듯 하지만 연기가 막힐 때 책의 내용을 곱씹는다면 분명 도움이 되는 내용들로 가득하다.

뒤늦게 연기를 시작하면서 부족한 연기를 어찌하나? 연기를 좋아하는 만큼 재능이 많은 것도 아닌데 배우를 하는 게 맞나? 고민이 많았다. 이 책을 통해 내가 한참 안일했다는 깨달음을 얻었고, 배우가 되려면 어떤 마음과 정신으로 어떻게 훈련해야 하는지 마음을 더 다잡을 수 있었다.

연기를 시작하는 사람들에게도, 연기를 오랫동안 해 온 사람들에게도 배우로서 늘 옆에 두고 읽었으면 하는 책이다. (어쩌면 이 책을 읽고 '배우가 내 길이 아니구나.' 하며 다른 길을 선택하는 사람도 있을 것인데 이 또한 나쁜 일이 아니다.)

『연기 6강』 출간에 도움주신 분들

『Acting: The First Six Lessons』 Sponsor List

후원해 주신 모든 분들께 감사의 인사를 전합니다.

가치앤같이	강서린	강혜라	고니	고정석
권기범	권도훈	권이재	극단산책	기영욱
김경만	김경민	김구름	김나리	김다진
김도완	김도진	김동현	김민채	김시원
김시은	김왈왈	김은주	김정희(희야)	김진윤
김철웅 감독	김현경	김형태	김혜민	김혜진
나신요 이은주	날개	남재원	도방주	랑맨
모쿠슈라	장건재	문다은	박상욱	박상훈 감독
박성회	박수빈	박영태	박임해인	박지혜
박한석	박현미(2)	박현정	박홍열	박효정
백인식	변혜선	서지민	손보민	스티브 맥퀸
심정우 연기연구소	심희정 (아나그라마)	어떤책방	얼라릿쑈 심상욱	오인천
오채윤	우화정	윤동규	윤미현	윤한실
이루다	이봄	이승우	이우현	이응제
이준명	이지수	이지윤	이지혜	이찬미
이태석 (마리우스)	이하리	이한나	이현아	이현우
임윤비	임지영	임해선	자하	장원
장일선	張至侯	정가현	정민기	정진새
정현아	정희재	조서영	조승현	조아라
조희주	주인아	지구정복 군사령관	참스김혜정	채시연
책곳이	천숙희	최상준	최서영	최서온
최용혁	최원종	최은정	최익현	최인해
최준우	최현정	춘삼월	하다차가족	한상훈
한정선	현석현/ 필름바우쉬	호아연기학원	홍레오	황보현호
황신혜	황효식	Alexis H	kun	Taeslis
WONDERFILM	WONFILM	zrabbit		

2024. 5. 13 ~ 6. 13

연기 6강

생애 첫 연기 수업

초판 1쇄 발행   2024년 6월 25일

지은이   리처드 볼레스라브스키
옮긴이   전일성·김혜민

펴낸이   김영신
펴낸곳   불란서책방
출판등록   제2019-000015호

주소   경기도 고양시 일산동구 호수로 336
전화/팩스   0504-266-3516
전자우편   bookfest@naver.com
블로그   blog.naver.com/bookfest
페이스북   editionsbulanseo
인스타그램   @editions_bulanseo

편집   김혜민
디자인   신용진
마케팅   김지혁

ISBN   979-11-971456-8-1 03680